AF292123

Geist der Jugend –
Die Frage nach dem guten Lebenslauf

FSC
www.fsc.org
MIX
Papier aus ver-
antwortungsvollen
Quellen
Paper from
responsible sources
FSC® C105338

Geist der Jugend –
Die Frage nach dem guten Lebenslauf

Ergebnisse des Jugendforschungswettbewerbs 2012/13

Herausgegeben vom
Ernst-Bloch-Zentrum der Stadt Ludwigshafen am Rhein

Bibliografische Informationen der Deutschen Nationalbibliothek:
Die Deutsche Nationalbibliothek verzeichnet diese Publikation in der Deutschen
Nationalbibliothek; detaillierte bibliographische Daten sind im Internet über
http://dnb.d-nb.de abrufbar.

© 2013 Ernst-Bloch-Zentrum der Stadt Ludwigshafen am Rhein

Redaktion: Franziska Schaaf und Sofie Sonnenstatter
mit Unterstützung von Kerstin Reibold, Anne Schnadt und Susanne Szkola

Mit freundlicher Unterstützung der BASF SE

Herstellung und Verlag: Books on Demand GmbH, Norderstedt

ISBN 978-3-7322-4656-4

Inhalt

Zu Beginn ...
Hoffnungen und Erwartungen der „Geist der Jugend"-Teilnehmer_innen vor Projektstart

„Ich erhoffe mir, dass das Projekt mir Klarheit verschafft,
welchen Lebensweg ich gehen will und dass ich in Zukunft
besser wichtige Entscheidungen treffen kann."

„Einen Einblick in die Vorstellungen anderer,
wie ihr Leben aussehen soll. Vielleicht bekomme ich
auch für mich selber Anregungen, die mir helfen,
ein gutes Leben zu gestalten."

„Ich erhoffe mir interessante Ergebnisse und außerdem,
dass ich mir danach klarer über meine Zukunft bin."

„Ich erwarte von Geist der Jugend, dass mir das Projekt
mehr Souveränität zur Umsetzung und zur Bearbeitung
von Aufgabenstellungen gibt und mir die Erfahrungen
hier z. B. für ein späteres Studium helfen können."

„Ich erhoffe mir von Geist der Jugend,
dass ich gut auf mein Berufsleben vorbereitet werde."

„Ich wünsche mir, dass meine Erkenntnisse
auch andere weiterbringen."

„Ich erwarte, dass sich mir neue Perspektiven eröffnen
und dass ich bessere Einblicke in das Berufsleben erhalte."

Vorwort

Dr. Klaus Kufeld
(Leiter des Ernst-Bloch-Zentrums)

„Mit der eigenen Jugend fängt die Welt an" schreibt Ernst Bloch im Prinzip Hoffnung. Die eigenen Träume, Wünsche und Ziele sind also sehr früh angelegt und wollen auch früh ernst genommen werden. Die Shell Jugendstudie von 2010 liefert den Beleg: Bei aller berechtigter Kritik an der Gegenwart schaut die Jugend positiv in die Zukunft. Gute Aussichten also, um in einer Welt des Karrieredenkens und Spezialistentums dem Geist des Humboldtschen Bildungsideals wieder Aufschwung zu geben? Diese Perspektive ist der philosophische Hintergrund des Jugendforschungswettbewerbs „Geist der Jugend", den das Ernst-Bloch-Zentrum der Stadt Ludwigshafen am Rhein im Schuljahr 2012/13 realisiert hat.

„Geist der Jugend – Die Frage nach dem guten Lebenslauf" ist ein vollkommen neuartiges Projekt. Es verbindet in bisher einzigartiger Weise eine philosophische Fragestellung mit sozialwissenschaftlichen Methoden und einem handfesten Bewerbungstraining. Entstanden im intensiven Austausch mit langjährigen schulischen Kooperationspartnern des Ernst-Bloch-Zentrums läuft der Wettbewerb wie ein roter Faden durch sämtliche Stadien jugendlicher Zukunftsplanung mit einem konkreten Ziel: Jugendliche von heute zu kompetenten und kritischen Gestaltern und Entscheidungsträgern von morgen zu machen. Damit verbindet sich auch ein zeitgemäßes Verständnis von „Bildung", das die Gestaltung der Lebens- und Berufswelt gegen ein grassierendes Spezialistentum und gegen die Dominanz der Informationsgesellschaft abgrenzt. Demnach setzt „eine gelungene Lebenspraxis Orientierungswissen voraus", wie es der Philosoph Julian Nida-Rümelin sagt (Philosophie einer humanen Bildung, Hamburg 2013). Wir freuen uns sehr, mit der vorliegenden Publikation als abschließende Wettbewerbsdokumentation diesem Ziel ein gutes Stück näher gekommen zu sein.

„Geist der Jugend" ist schon deshalb ein Erfolg, weil es viele Menschen mit den unterschiedlichsten Hintergründen und Kompetenzen dazu gebracht hat, nicht nur auf sich selbst zu hören, sondern voneinander zu lernen. Ihnen allen möchte ich herzlich danken. Der größte Dank gebührt allen voran den Teilnehmerinnen und Teilnehmern des Wettbewerbs, die ihren ganz persönlichen „Geist der Jugend" und neben der wachsenden schulischen Belastung sehr viel Zeit und hervorragende Arbeit investiert haben.

„Geist der Jugend – Die Frage nach dem guten Lebenslauf" konnte nur realisiert werden durch eine Vielzahl von Unterstützern, die neben Geld und Fachkompetenzen vor allem Ideen und Herzblut eingebracht haben. Zu nennen sind hier die Kolleginnen und Kollegen des Bereichs Kultur, Sport und Soziales der BASF SE, die sich auch persönlich bei der Fragestellung engagiert haben: Dr. Hartmut Unger, Veronika Karl, Katharina Felgenhauer, Beate von Borcke, Thomas Schiller und nicht zuletzt Dr. Klaus Philipp Seif und Karin Heyl. Der besondere Dank gilt den Mitarbeiterinnen aus der Abteilung Human Ressources der BASF, Jennifer Büchert und Kerstin Staub, die gemeinsam mit Hedi Blumer (Career Service der Universität Heidelberg) das Planspiel Personalbüro für den Wettbewerb konzipiert und durchgeführt haben und für lebendige Praxis gesorgt haben. Die Juroren Prof. Dr. Elif Özmen (Universität Regensburg), Jörg Ueltzhöffer (SIGMA Institut für Milieuforschung, Mannheim), Dr. Werner Hapke (BASF SE) – unterstützt durch Karin Heyl und Dr. Richard Hartmann – und Prof. Dr. Thomas Gautschi (Universität Mannheim) haben die Schülerarbeiten gelesen und bewertet und ihr Fachurteil bei der Abschlussgala eingebracht. Dass sie ihr Interesse an „Geist der Jugend" zur Ehrensache gemacht haben, sehe ich als eine ganz besondere Art der Wertschätzung, für die wir alle sehr dankbar sind.

Danken möchte ich weiterhin den vielen Lehrern, Pädagogen und Schulleitern, die sich die Zeit genommen haben, uns zuzuhören und ihr reiches Erfahrungswissen mit uns zu teilen. Die Lehrerinnen und Lehrer Timo Fenske (Wilhelm-Wundt-Realschule, Mannheim), Edeltraud Bürkle (Elisabeth-von-Thadden Gymnasium, Heidelberg), Claudia

Heller (Karolina-Burger-Realschule Plus, Ludwigshafen) und Ulrike Kistenmacher-Dörr (Geschwister-Scholl-Gymnasium, Ludwigshafen) unterstützten ihre Schülerinnen und Schüler aktiv bei der Forschungsarbeit, teils sogar über die Unterrichtsbetreuung hinaus. Bei der fachlichen Realisierung der Schülerarbeiten leisteten die Sozialwissenschaftler und -wissenschaftlerinnen Ines Schaurer, Carolin Blum und Ralf Philipp als Tutoren wahre Pionierarbeit. Sie entwickelten eigens ein Konzept, um den Teilnehmerinnen und Teilnehmern die Grundlagen der empirischen Sozialforschung näher zu bringen und betreuten die Forscherteams über die gesamte Erhebungs- und Auswertungsphase hinweg. Dafür der besondere Dank. Für ihr Coaching als Vorbereitung auf Bewerbungs- und Bühnensituation danke ich dem Management-Trainer Cristián Gálvez und dem Rhetorik-Trainer Leander Altenberger, die offen für die Bedürfnisse der Schüler waren. Die Werbeagenturen srg und rabenschwarm sorgten für eine gelungene öffentliche Darstellung des Projekts auf Flyern und im Internet. Neben dem Bereichsleiter für Kultur, Dietrich Skibelski, danke ich dem gesamten Team des Ernst-Bloch-Zentrums für die Unterstützung bei der Konzeption, intensiven Planung, Vorbereitung und Durchführung des Projekts, insbesondere der Projektleiterin Franziska Schaaf und den Volontärinnen Ines Margraff und Sofie Sonnenstatter für ihr außergewöhnliches Engagement.

Grußwort

Prof. Dr. Cornelia Reifenberg
(Beigeordnete für Kultur, Schule, Jugend und Familie
der Stadt Ludwigshafen am Rhein)

Eine starke Stadt braucht eine starke Jugend. Die Vielfalt der kulturellen Bildungsarbeit der Stadt Ludwigshafen am Rhein hat das Ernst-Bloch-Zentrum mit dem Jugendforschungswettbewerb „Geist der Jugend – Die Frage nach dem guten Lebenslauf" um die Philosophie als Mutter der Wissenschaften erweitert. Nicht zufällig ist das Wettbewerbslogo ein flammendes Fragezeichen. Fragen als philosophische Grunddisziplin ist nicht nur der Schlüsselweg zur Erkenntnis, sondern auch Grundvoraussetzung für Kritik und Veränderung. Dort setzt „Geist der Jugend – Die Frage nach dem guten Lebenslauf" an. Im Rahmen des Wettbewerbs haben Jugendliche andere Jugendliche zu ihrer Zukunftsplanung befragt. Herausgekommen sind Fragen und Antworten, die Jugendliche in der Metropolregion Rhein-Neckar beschäftigen – und von hoher gesellschaftlicher Relevanz sind.

Die hier vorliegenden Schülerarbeiten thematisieren Probleme, mit denen sich ganz aktuell Politik, Unternehmen und Gesellschaft intensiv auseinandersetzen: Wie lassen sich Familie und Beruf vereinbaren, welche Wichtigkeit haben Geld, Freizeit, Karriere für das gute Leben? Es ist eine echte Bereicherung, das Wissen und die Forderungen der jungen Generation aus ihr selbst heraus zu erfahren. Wenn die Anregungen der Jugendlichen in den gesellschaftlichen Diskurs einfließen, ist ein wesentlicher Schritt kultureller Bildung für das Allgemeinwohl geleistet. Schließlich bedeutet lebenslanges Lernen, die eigene Perspektive verändern zu können und für neue Gedanken, Ansätze und Fragestellungen offen zu sein. Diese Offenheit brauchen nicht nur unsere Jugendlichen, die in „Geist der Jugend" als selbstbewusste Zukunftsforscher auftreten, sondern auch unsere Städte, damit sie lebendig bleiben und mutig in die Zukunft blicken – so wie uns das die Jugendlichen von „Geist der Jugend" hier aus den verschiedensten Perspektiven präsentieren.

Als Beigeordnete für Kultur, Schule, Jugend und Familie der Stadt Ludwigshafen am Rhein freut es mich besonders, dass das Ernst-Bloch-Zentrum „Geist der Jugend" von Beginn an als Projekt der und für die Metropolregion Rhein-Neckar angelegt hat. Die Vernetzung, die auf Planungsebenen schon lange besteht, wird erst durch solche Projekte mit Leben gefüllt. Ich bin sicher, dass alle Teilnehmerinnen und Teilnehmer viel über sich und das „gute Leben" gelernt haben und danke ihnen allen für die Gelegenheit, an ihrem Lernprozess teilhaben zu dürfen.

Bei allem Erfolg ist dem Projekt mit seiner besonderen Fragestellung zu wünschen, dass es Schule macht. Was hier vom Team des Ernst-Bloch-Zentrums auf die Beine gestellt wurde, hat zweifellos Modellcharakter. Gerade weil heute alle über die Bedeutung der Bildung und der Kultur reden: Was spricht dagegen, auch andere Mitstreiter in der Region und im Land für „Geist der Jugend" zu gewinnen?

Grußwort

Karin Heyl
(Leitung des Bereichs Kultur, Sport und Soziales der BASF SE)

Was ist das gute Leben? fragt die Philosophie. Was ist ein guter Lebenslauf? fragt die Wirtschaft. So scheinbar gegensätzlich stehen sich Leben und Lebenslauf oftmals gegenüber. Junge Menschen glauben häufig, für einen guten Lebenslauf auf viele Aspekte eines guten Lebens verzichten zu müssen. Aber Philosophie und Wirtschaft, gutes Leben und guter Lebenslauf, sind sich näher, als viele denken.

Bei BASF sind wir davon überzeugt, dass gutes Leben und guter Lebenslauf eine Einheit bilden. Es gibt dabei aber viele unterschiedliche Vorstellungen vom guten Leben und dementsprechend auch unterschiedliche, gute Lebensläufe. Es gibt ebenso wenig den einzigen idealen Lebenslauf wie es nur eine Art gibt, ein gutes Leben zu führen. Das Leben und Lebensläufe sind vielfältig und sollen es auch sein.

Uns sind motivierte und engagierte Mitarbeiterinnen und Mitarbeiter wichtig. Dies setzt voraus, dass sie sich wohlfühlen, dass Arbeit und Privates immer wieder ins Gleichgewicht kommen. Dies gelingt, wenn man sich frühzeitig über seine eigenen Lebensziele Gedanken macht. Welches Leben will ich führen? Was muss ich dafür tun? Wie kann ich meine Ziele erreichen? Sind meine Wünsche realistisch? Die Träume, Wünsche und Ziele von Jugendlichen interessieren ein Unternehmen wie die BASF. Nicht nur, weil wir jährlich weltweit tausende von Menschen einstellen, sondern weil wir – die BASF – ein verantwortlicher Teil der Gesellschaft sind und sein wollen.

Die BASF stellt diesen hohen Anspruch an sich schon lange: Wir fördern Bildung, Kultur und Sport, wir unterstützen soziale Projekte an unseren Standorten weltweit und bieten unseren Mitarbeiterinnen und Mitarbeitern mehr als nur einen sicheren Arbeitsplatz. Wir stehen unseren Kollegen auch in Krisensituationen, beispielsweise mit den Angeboten der Sozialberatung, zur Seite. Noch in diesem Jahr eröffnen wir ein

Mitarbeiterzentrum für Work-Life-Management, das unterschiedlichste Angebote von der Kinderkrippe bis zur Gesundheitsförderung zusammenführt.

Gutes Leben und guter Lebenslauf sind keine Gegensätze und dürfen auch keine sein. Wir bei BASF wollen Lebenswelten verbinden, denn das ist Chemie, die verbindet!

Einleitung und Wettbewerbschronik

Franziska Schaaf und Sofie Sonnenstatter
(Projektteam „Geist der Jugend")

Es gibt viele Wettbewerbe, die sich mit Jugend und Zukunft beschäftigen. Schulen und Schüler_innen werden mit einer Vielzahl von Angeboten und Einladungen zur Teilnahme an Projekten, Aktionen und Wettstreiten unterschiedlichster Art konfrontiert. Wozu also ein weiteres Jugendprojekt?

Diese Frage stellte sich das Ernst-Bloch-Zentrum gleich zu Beginn der Überlegungen, Jugend und Philosophie zueinander zu bringen. Wie in der Philosophie üblich, schreckt die Frage nach dem Sinn nicht ab, sondern generiert weitere Fragen: Was beschäftigt die Jugend von heute? Wie schaut sie in die Zukunft? Wie stellt sie sich das gute Leben vor? Wie wird sie die Gesellschaft, Wirtschaft und Umwelt von morgen gestalten? Und welche Gelegenheit haben Jugendliche, ihre eigenen Fragen und Vorstellungen einzubringen?

Um Antworten auf diese Fragen zu finden, etablierte das Ernst-Bloch-Zentrum im Herbst 2012 „Geist der Jugend" als interaktive Plattform, die Fragen und Forderungen junger Menschen an die Zukunft ernst nimmt und ihnen Gehör verschafft. Die Verbindung aus philosophischer Gegenwartsbetrachtung und sozialwissenschaftlicher Forschung mit professionellem Coaching ist ein einzigartiges Modellprojekt. „Geist der Jugend" begreift (Lebens-)Planung als einen dynamischen Prozess, der eine sinnstiftende und motivierende Funktion haben kann.

Für das Schuljahr 2012/13 wurde in der Metropolregion Rhein-Neckar der Jugendforschungswettbewerb „Geist der Jugend – Die Frage nach dem guten Lebenslauf" ausgeschrieben. Die Idee: Schüler_innen der Jahrgangsstufen 9 bis 12 an Realschulen und Gymnasien führen in Teams von bis zu sechs Mitgliedern eine eigenständige sozialwissenschaftliche Untersuchung zu Zukunftsvorstellungen von Jugendlichen durch und erhalten dafür über Monate hinweg ein mehrstufiges, kritisches Bewerbungstraining. Zunächst besuchten wir zahlreiche

Schulen in der Metropolregion, um den Wettbewerb bekannt zu machen und Schüler_innen dazu aufzurufen, sich mit einer Projektskizze zu bewerben. Sechs Schulen beteiligten sich schließlich als Partnerschulen am Wettbewerb, darunter zwei Realschulen, eine Gesamtschule und drei Gymnasien. Teilnehmende Schulen waren die Elisabeth-von-Thadden-Schule in Heidelberg, die Wilhelm-Wundt-Realschule in Mannheim und aus Ludwigshafen die Karolina-Burger-Realschule plus, die Integrierte Gesamtschule Ernst Bloch, das Theodor-Heuss-Gymnasium und das Geschwister-Scholl-Gymnasium. Damit wurde ein Teilziel des Projekts, nämlich Austausch und Vernetzung von jungen Menschen unterschiedlicher Bildungshintergründe in der Metropolregion zu fördern, bereits erreicht.

Aus den eingesandten Bewerbungen wurden bis Mitte Oktober 2012 zwölf Teams ausgewählt. Ausgehend von der eigenen Lebensrealität entwarfen die Schülerteams unterschiedliche Forschungsthemen. Ihre Fragen spiegeln gegenwärtige Probleme wider, lassen aber darüber hinaus konkrete Vorstellungen von einer „guten" Gesellschaft von Übermorgen durchscheinen. Die Themen reichen von der Bedeutung von Freizeit und Geld, der Vereinbarkeit von Familie und Beruf bis zur Planbarkeit der eigenen Zukunft.

Beim ersten Workshop trafen Mitte November die rund 40 Teilnehmer_innen im Alter zwischen 13 und 19 Jahren zum ersten Mal zum Planspiel Personalbüro zusammen. Gemeinsam entwickelt von der Leiterin des Career Service der Universität Heidelberg, Hedi Blumer sowie Kerstin Staub und Jennifer Büchert (Ausbildungsmarketing und -recruiting BASF SE) bot das Planspiel einen ersten Einstieg in zukünftige Realitäten. Alle Teilnehmer_innen bewarben sich im Vorfeld auf eine fiktive Stellenausschreibung bei dem ebenfalls erfundenen Unternehmen „Besser Leben". Im Planspiel bildeten die Schüler_innen Personalbüros und mussten in weniger als zwei Stunden alle vierzig Bewerbungen auswerten. Im Plenum begründeten sie ihre Entscheidungen für die drei besten Kandidaten, die sie zu einem Vorstellungsgespräch einladen würden. Am Ende gaben die echten Profis aus der Personalabteilung ihre eigene

Auswahl bekannt und verrieten Tipps und Tricks beim Bewerben. Dass beim Planspiel die freie Wirtschaft und die Universität vertreten waren, ermöglichte den Teilnehmer_innen, sich über die vielfältigen ersten Schritte zum Leben nach der Schule zu informieren. Am Ende hatten alle etwas gelernt – und zwar nicht nur neue Namen.

Die nächste Begegnung fand gut zwei Wochen später beim Workshop Empirische Sozialforschung statt, bei dem aus den eingesandten Projektskizzen konkrete Fragebögen entstehen sollten. Für die wissenschaftliche Betreuung der Teams standen über die gesamte Forschungsphase die Sozialwissenschaftler_innen Ines Schaurer, Carolin Blum und Ralf Philipp zur Verfügung. Mit viel praktischer und einiger Lehrerfahrung meisterten die Sozialforscher_innen die Herausforderung, Schüler_innen die wissenschaftlichen Grundlagen der Empirischen Sozialforschung zu vermitteln. So wurden die Teilnehmer_innen mit den Unterschieden zwischen qualitativer und quantitativer Forschung vertraut gemacht. Spätestens am zweiten Workshoptag, als die Teilnehmer_innen das theoretische Wissen vom Vortag anwenden konnten, durfte das Experiment als geglückt gelten. Die meisten Fragebögen wurden fertig und die jungen Forscher_innen konnten ihre ersten Fragen untereinander ausprobieren.

Nun begann für die Forschungsteams die harte Arbeit. In Einzeltreffen der Teams begleiteten die Tutor_innen alle Arbeitsschritte bis hin zum fertigen Abschlussbericht. Zwischen Klassenfahrten, Klausuren und dem ganz normalen Schülerstress war es nicht immer leicht, Termine zu finden. Zunächst feilten die Zukunftsforscher in den Arbeitstreffen an den Fragebögen für die Umfrage an Schulen, in Fußgängerzonen und Betrieben. Nach so viel theoretischem Input zur empirischen Sozialforschung konnten die Jugendlichen es kaum erwarten, ins Feld zu gehen um Gleichaltrige und Erwachsene zu befragen. Auf die spannende Feldphase folgte die Auswertung der Ergebnisse. Die erforderte einiges an Geduld und Know-how, doch zum Glück standen auch hier die Tutor_innen mit Rat und Tat zur Seite. Zu guter Letzt mussten die Ergebnisse verschriftlicht werden. Der zwölfseitige

Abschlussbericht stellte alle Forscher_innen vor eine große Probe, die nicht nur einiges an Durchhaltevermögen und Übung im Schreiben längerer Texte verlangte, sondern vor allem auch eine gute Organisation innerhalb des Teams. In den Köpfen der meisten Forscher_innen hatte sich spätestens jetzt der Wettbewerbsgedanke festgesetzt, um mit Motivation und den letzten Kräften den Endspurt zu meistern.

In der Zwischenzeit sah sich die Jury, bestehend aus Prof. Dr. Elif Özmen (Philosophin, Universität Regensburg), Dr. Wolfgang Hapke (Personalchef der BASF), Prof. Dr. Thomas Gautschi (Soziologe, Universität Mannheim) und Jörg Ueltzhöffer (Geschäftsführer des SIGMA Instituts, Mannheim), vor die schwierige Aufgabe gestellt, aus den fünf vorliegenden Berichten die drei besten auszuwählen. Ihre unterschiedlichen Fachwissen sorgten dafür, dass die Arbeiten ausgewogen beurteilt wurden. Doch es fiel nicht leicht, so viele gute Ideen, Gedanken und Arbeit nach dem Wettbewerbsprinzip zu bewerten. Die Tatsache, dass die Entscheidung sehr knapp ausfiel, spricht für die durchweg gute Qualität der eingereichten Arbeiten.

Bereits kurz nach der Abgabe der Forschungsberichte wurde die viele Arbeit belohnt: alle Teilnehmer_innen wurden zum Workshop Persönlichkeit und Storytelling mit dem Managementtrainer Cristián Gálvez eingeladen. Der erfolgreiche Coach und Buchautor erarbeitete mit den Jugendlichen Strategien, aus der eigenen Biographie eine Erzählung zu machen und Authentizität in den Vordergrund zu stellen. Selbstermächtigung bedeutet, den eigenen Lebensweg - inklusive Zweifel und Niederlagen - erzählen zu können, und so zum Autor seines Lebens zu werden. Ein solches professionelles Bewerbungstraining, das sonst Führungskräften zukommt, war für alle Jugendlichen eine wertvolle Erfahrung. Am Ende des Workshops gab Dr. Klaus Kufeld, Leiter des Ernst-Bloch-Zentrums, bekannt, welche von den fünf Berichten, die frist- und formgerecht abgegeben wurden, von der Experten-Jury am besten bewertet wurden. Die Teams Future Five (Elisabeth-von-Thadden Schule, Heidelberg-Wieblingen, Bericht Seite 41), Forschungsgruppe Familie (Theodor-Heuss-Gymnasium, Ludwigshafen, Bericht Seite 67) und

Lamworschdikan (Geschwister-Scholl-Gymnasium, Ludwigshafen, Bericht Seite 93) haben gewonnen, doch auch alle anderen Teilnehmer_innen zeichnete Dr. Kufeld für ihre geleistete Arbeit, ihre Ideen und ihren Mut aus. „Alle Teams haben eine eigene Forschungsfrage entwickelt und operationalisiert, alle haben mit Umfragen begonnen und sie auch ausgewertet. Nicht alle diese Ergebnisse liegen uns heute in schriftlicher Form vor, doch eines steht fest: Gewonnen haben alle – an Erfahrung, Erkenntnissen und Fachwissen".

Ein großes Projekt wie „Geist der Jugend" braucht natürlich einen formalen und feierlichen Abschluss: Bei der großen Abschlussgala präsentierten die drei besten Forscherteams ihre Ergebnisse. Auf die Bühnensituation bereitete sie der Workshop Präsentationstechnik mit dem Kommunikationstrainer Leander Altenberger vor. Jedes Team erhielt eine maßgeschneiderte Anleitung für die Präsentationsform, mit der es sich am wohlsten fühlte. Am 4. Juli 2013, 19.00 Uhr war es dann soweit: Noch einmal kamen alle Teilnehmer_innen mit Freunden und Familien zusammen, auch Lehrer_innen und Schulleiter_innen der teilnehmenden Schulen, sowie Unterstützer_innen des Projekts und zahlreiche weitere Gäste aus Bildung, Politik und Wirtschaft waren geladen, um den Abschluss des Pilotprojekts „Geist der Jugend – Die Frage nach dem guten Lebenslauf" gebührend zu feiern. Die drei Gewinnerteams stellten Ihre Forschungsergebnisse vor und zeigten vor einem Publikum von über hundert Gästen, was sie in Sachen (Selbst-)Präsentation und kritischer Umgang mit ihren Umfrageergebnissen gelernt hatten. Im Anschluss an die Präsentationen bewiesen die jungen Forscher_innen, dass sie souverän auf die spontanen Rückfragen der Experten-Jury antworten können. Damit wurde ein weiteres Ziel des Projekts, Augenhöhe zwischen den Schüler_innen und den Wissenschaftler_innen und Unternehmer_innen herzustellen, verwirklicht. Aber nicht nur die gut vorbereiteten Gewinnerteams standen bei der Gala im Rampenlicht. Alle anderen Teilnehmer _innen wurden von der Moderatorin Alexandra Müller auf die Bühne gebeten, um ihren verdienten Applaus und ihre Zertifikate abzuholen und einen Einblick in die von ihnen bearbeiteten Forschungsthemen zu geben.

Währenddessen warteten das Publikum und die Forscherteams gespannt auf die Auswertung der Jury, die sich zurückzog, um sich auf eine Rangfolge zu einigen. In der Zwischenzeit führte die Moderatorin Alexandra Müller mit Dr. Kufeld ein anregendes Bühnengespräch, in dem sie über ihre eigenen Biografien und – unter Rückgriff auf die Ausführungen des Teams Lamworschdikan – persönliche Erfahrungen mit Erfolg und Scheitern sprachen. Dies wiederum zeigte, wie die von den Jugendlichen bearbeiteten Themen tatsächlich gesellschaftliche Relevanz haben und generationsübergreifend Impulse zur Selbstreflexion und zum Weiterdiskutieren bieten.

Schließlich standen die Plätze eins bis drei fest: Gewonnen hat das Team Future Five. Besonders hob die Jury die Souveränität der Antworten auf Rückfragen hervor sowie den kritischen Umgang mit ihren Resultaten - was besonders aufgrund des Alters des jüngsten Teams unter den Finalisten beeindruckte und Pluspunkte brachte. Sehr knapp dahinter landete auf Platz 2 die Forschungsgruppe Familie. Das Team mit dem interessanten Namen Lamworschdikan wurde demzufolge als drittbestes Team des Wettbewerbes gekürt. Die Entscheidung fiel der Jury nicht leicht, die Arbeiten wie auch die Performance auf der Bühne aller drei Teams wurden in höchsten Tönen gelobt. Neben Lob und Glitzerkonfetti regnete es Preise: Die Gewinner_innen bekamen jeweils einen hochwertigen E-Book-Reader mit eigens für „Geist der Jugend" entworfenen Schutzhüllen und dazu Gutscheine für E-Books im Wert von 25 bis 100 Euro. Der Galaabend klang kulinarisch und bei informellen Gesprächen aus.

Dieses Buch ist mehr als die Chronik eines Pilotprojekts, für dessen Erfolg wir allen Teilnehmer_innen und Unterstützer_innen zu Dank verpflichtet sind. Es versammelt die ersten Forschungsarbeiten von 21 jungen Erwachsenen aus Ludwigshafen und Heidelberg. Die Berichte der Gewinnerteams werden ergänzt durch die Gespräche zwischen den Forscher_innen und Juror_innen, welche sich im Anschluss an die Präsentationen bei der Gala ergeben haben. Auch die anderen Projektteilnehmer_innen sowie die Gäste der Gala kommen zu Wort.

Die zahlreichen Stimmen, die wir von den Schüler_innen und Galagästen eingefangen haben, spiegeln die vielfältige und durchweg positive Resonanz wider und sprechen für sich. Eine philosophische Grundlage liefert die Prof. Elif Özmen, die als Jurorin „Geist der Jugend" aktiv unterstützte, mit einem Überblick zur Philosophiegeschichte des „Guten Lebens".

Die Publikation soll nicht nur das Ergebnis des Wettbewerbs, sondern das Projekt „Geist der Jugend" als Prozess abbilden. Deshalb sind neben den schriftlichen Erträgen des Wettbewerbs vor allem der Erkenntnisgewinn und der Lernprozess, welche das Projekt mit sich brachte, dargestellt. Am Ende, so waren sich alle einig, hat jeder etwas mitgenommen. Die Entwicklung einer eigenen Forschungsfrage und entsprechenden Fragebögen verlangte ein hohes Maß an Abstraktionsfähigkeit und kritischem Denken. Darüber hinaus haben die Teilnehmer_innen gelernt, eigenverantwortlich zu arbeiten und sich selbst im Team zu organisieren. Nicht zuletzt forderten die Erhebungen wie auch die Workshops einiges an sozialer Kompetenz in der Interaktion mit Gleichaltrigen und Erwachsenen. In den Workshops mit Profis aus Personalentwicklung, Coaching und Wissenschaftsvermittlung haben die Jugendlichen außerdem gelernt, worauf es in einer Bewerbungs-situation ankommt, wie man sein Leben selbstbestimmt gestaltet und wie man sich und seinen Lebenslauf selbstbewusst präsentiert. Das eigene Leben als etwas Gestaltbares zu begreifen war eines der Ziele von „Geist der Jugend", welches sichtlich geglückt ist. Das Resultat zeigte die Gala: Am Ende standen selbstbewusste junge Erwachsene auf der Bühne.

Aus dem vielstimmigen konstruktiven Feedback zu „Geist der Jugend", für das wir uns an dieser Stelle bedanken möchten, formt sich die Grundlage für die zukünftige kulturelle Bildungsarbeit des Ernst-Bloch-Zentrums, das sich weiterhin den Fragen junger Menschen an die Zukunft verpflichtet fühlt. In diesem Sinne wäre eine Fortführung von „Geist der Jugend", in welcher Form auch immer, folgerichtig und wünschenswert, um die Zukunftspotenziale junger Menschen in die Gesellschaft einzubringen.

Eindrücke der Abschlussgala
Feedback von Eltern, Lehrer_innen und Schulleiter_innen
sowie Unterstützer_innen des Projekts

„Bei dieser Jugend ist mir für die Zukunft nicht bange.“

„Ich war positiv überrascht und schwer beeindruckt,
mit welcher Tiefsinnigkeit, mit welchem Scharfsinn und
auch kritischen Blick die Schüler an das Projekt gegangen
sind und es mit Leben gefüllt haben. Großes Lob!“

„Schüler müssen (‚auch‘) raus aus der Schule. Vielen Dank
dem Ernst-Bloch-Zentrum. Schüler können offensichtlich
viel mehr leisten, als man in der Schule von ihnen erwartet.“

„Gutes Leben sind nicht nur Beruf und Karriere. Es gehören
noch viele andere Dinge dazu. Und mich erschreckt das Ergebnis,
dass junge Menschen jetzt schon Angst vorm Scheitern haben.“

„Dass sich Rollenmuster immer noch bemerkbar machen!
Dass viel weibliches Potential untergeht! Dass erreichbare
Ziele glücklicher machen als Utopien/Ideale.“

„Jugendliche sollten sich mehr mit der Gesellschaft
auseinandersetzen. Man sollte immer den ‚tieferen Sinn‘
erkennen können und auch einordnen können.
Schüler in Gymnasien sollten mehr alltagsbezogen
Input in der Schule erhalten.“

„Schüler können selbstbewusster präsentieren als vor 20-30 Jahren.
Mit Blick auf die heutige Berufswirklichkeit – und auch die
Brüchigkeit von Familie fehlte der Begriff der Flexibilität,
das ist das, was am meisten gefragt ist.“

„Das Thema Zukunft hat nach wie vor einen sehr hohen
Stellenwert bei Jugendlichen.
Beachtlich ist vor allem auch die Angst vor der Zukunft
und die Hartnäckigkeit der „alten" Rollenverteilung.
Die Arbeiten waren überraschend gut durchgeführt,
ausgewertet und präsentiert. Insgesamt sehr gutes Projekt."

„Bei so viel engagierten Jugendlichen wird die Zukunft
besser als wir manchmal glauben."

„Scheitern ist gut."

„Interessante Aspekte, um sein eigenes Leben zu hinterfragen
und vor allem auch zu erfahren, wie junge Menschen denken
und damit auch seinen eigenen Kindern Werte zu vermitteln
sowie auch die Wertvorstellungen der Jugendlichen zu verstehen."

„Was mich am meisten beeindruckt hat, ist, dass die jungen
Leute durch diese Arbeit dazugekommen sind, gewisse Sachen
sehr kritisch zu betrachten und zu hinterfragen. Ich glaube,
das ist nicht mehr selbstverständlich in der heutigen Zeit.
Man googelt was, man findet was und schreibt's ab und glaubt es."

„Ich hoffe, dass das Projekt in diesem Sinne weitergeführt
und wieder aufgelegt wird."

„Tolles Projekt, bitte fortführen!"

Das gute, gelungene und glückliche Leben –
Eine (Philosophie-) Geschichte

Prof. Dr. Elif Özmen
(Universität Regensburg)

Die Geschichte der Philosophie, die ihren Anfang im antiken Griechenland nimmt, ist auch eine Geschichte des Nachdenkens über das Gute und das gute Leben für den Menschen. Wenngleich in den zeitgenössischen Diskussionen der praktischen Philosophie das gute Leben nur ein Thema neben anderen darstellt, erschien es den Alten als vorrangig, insofern alle anderen ethischen und politikphilosophischen Fragen mit dem menschlichen Guten zusammenhingen. So lässt etwa Platon sein Alter Ego Sokrates feststellen: „Denn das, worüber wir streiten, ist weit entfernt, etwas Unbedeutendes zu sein; vielmehr kann man sagen, daß es dasjenige ist, dessen Kenntnis für uns der edelste Besitz, dessen Nichtkenntnis dagegen der größte Vorwurf ist. Denn in der Hauptsache handelt es sich darum, zu erkennen oder nicht, wer glücklich ist und wer nicht.“[1]

Wer glücklich, eudaimon, genannt werden kann, hat sich als Mensch zu seiner höchsten Form, einer sittlichen und geistigen Vollendung seiner Natur, aufgeschwungen. Moral, Vernunft und Glück bilden einen harmonischen Dreiklang, sie klingen nur miteinander wohl, sie verweisen aufeinander, sie hängen voneinander ab. Denn wie könnte jemand, der zwar ein hohes Maß an Lust in seinem Leben realisiert, aber schändlich handelt, wahrlich glücklich genannt werden? Wie sollten Ignoranz, Irrationalität oder schiere Dummheit Orientierung für gutes Leben bieten? Und was ist mit „Glück“ in der zweiten Bedeutung des Wortes, im Sinne von Zufallsglück und -pech? Können wir jemandem, dessen Glück nur dem unberechenbaren Wirken Fortunas zuzuschreiben ist, den Ehrentitel „gutes Leben“ verleihen, wiewohl er keinerlei eigene Anstrengungen unternommen hat? Umgekehrt: Was ist mit dem, der

---

[1] Platon: Gorgias (472 St.), in der Übersetzung von Otto Apelt, Hamburg 1998.

unverdienterweise Opfer eines Schicksalsschlages wird und mutmaßlich alles verliert – ist das gute Leben so beschaffen, dass man seiner auch verlustig gehen kann?

Diese Fragen prägen die antiken Theorien des guten Lebens von Aristoteles über Epikur zu Cicero hin zu Seneca und Epiktet.[2] So verschieden sie im Detail das Verhältnis von gutem Leben (eudaimonia), Lust (hedone) und Zufallsglück (tyche) darstellen, ist ihnen doch eine Vorstellung gemeinsam: Ohne Vernunft und ohne Moral ist dem Menschen, der zu beidem begabt und aufgefordert ist, kein Gutes möglich. Das gute Leben kann mithin keine Privatsache sein. Anders als bei Geschmacksurteilen kann man darüber sehr wohl streiten – und muss es auch, denn, wie gesagt: das gute, gelungene, glückliche Leben ist weit davon entfernt, etwas Unbedeutendes zu sein. Nun aber beginnt das eigentliche philosophische Geschäft, denn schon Aristoteles musste feststellen: „Im Namen stimmen hier wohl die meisten überein: Glückseligkeit nennt es die Menge und die feineren Köpfe, und dabei gilt ihnen Gut-Leben und Sich-Gut-Gehaben mit Glückselig-Sein als eins. Was aber die Glückseligkeit sein soll, darüber entzweit man sich.“[3]

In seiner Ethik entwickelt Aristoteles eine Konzeption des guten Lebens, die aus diesem Wirrwarr an Meinungen diejenige herausschält, die einem Anspruch auf Allgemeinheit (es geht ja nicht um das Gute für Einzelne, sondern für den Menschen) und auf Verbindlichkeit (nicht Einzelbetrachtungen, sondern ein normatives Wissen um das Gute soll offengelegt werden) – genügen kann. Hierzu verbindet er – beispielhaft für viele Philosophen, die ihm nachfolgen – die Frage nach dem gutem Leben mit der Vorstellung, dass es ein besonderes Wesensmerkmal des Menschen gibt, das ihn von allen anderen Lebewesen unterscheidet, gleichsam seine menschliche Natur definiert. In Kenntnis dieses ergon

---

[2] Einen guten Überblick zu den wichtigsten Autoren und Themen gibt Christoph Horn: Antike Lebenskunst. Glück und Moral von Sokrates bis zu den Neuplatonikern, München 1998.

[3] Aristoteles: Nikomachische Ethik (1095a), in der Übersetzung von Eugen Rolfes, Hamburg 1995.

tou anthropou könne man nicht nur sagen, was von Menschen überhaupt geleistet, erstrebt und begehrt werden könne, sondern auch, was man als Mensch tun und wie man leben solle. Dasjenige, was den Menschen vor allen anderen Lebewesen wesenhaft auszeichnet, ist die Vernunft (logos). Diese hilft uns, uns von der unmittelbaren Wirkungsmacht der Triebe, Lüste und Affekte zu distanzieren, sie erlaubt es, unser Leben durch Einsicht und Prinzipien, durch Willen und vernünftige Wahl zu gestalten. Dieses „Tätigsein der Seele gemäß der ihr wesenhaften Tüchtigkeit"[4] ist für Aristoteles entscheidend für ein gutes menschliches Leben, genauer: zwei Lebensformen, die – anders als etwa das Leben der Lust oder des Reichtums – als vernunftgeleitet gelten können: das praktische Leben des moralisch-politisch engagierten Bürgers und das theoretische Leben des philosophisch-wissenschaftlich tätigen Weisen.

Diese Engführung von Fragen des guten Lebens mit Fragen der Moral prägt die Philosophie bis ins späte Mittelalter hinein, bis ein folgenreicher Bruch das vorläufige Ende dieser Verbindung einläutet. Im Unterschied zu den Antiken hält Immanuel Kant die Vernunft nämlich nicht für das angemessene Mittel, um eudaimonia hervorzubringen beziehungsweise umgekehrt Glückseligkeit nicht für den angemessenen Zweck der Vernunft: „Die Ursache davon ist: daß alle Elemente, die zum Begriff der Glückseligkeit gehören, insgesamt empirisch sind, d. i. aus der Erfahrung müssen entlehnt werden (...). Man kann also nicht nach bestimmten Principien handeln, um glücklich zu sein, sondern nur nach empirischen Rathschlägen."[5] Kant hat einen sehr anspruchsvollen Begriff von Glückseligkeit im Sinne der „Befriedigung aller unserer Neigungen (sowohl extensive, der Mannigfaltigkeit derselben, als intensive, dem Grade, und auch protensive, der Dauer nach)"[6]. Da dem Menschen

---

[4] Ebd. (1098a).

[5] Immanuel Kant: Grundlegung zur Metaphysik der Sitten (AA 418), hg. von Wilhelm Weischedel, Frankfurt a.M. 1977.

[6] Immanuel Kant: Kritik der reinen Vernunft (B834), hg. von Raymund Schmidt, Hamburg 1990.

bezüglich seiner Neigungen nur empirische, das heißt aber immer auch: begrenzte, unzuverlässige, erfahrungsabhängige Mittel zur Verfügung stehen, ist die umfassende Befriedigung dieser Neigungen weder prinzipien- noch vernunftgeleitet, letztlich zufällig, zudem unwahrscheinlich. Da sich eudaimonia nicht unter Regeln oder Prinzipien bringen lässt, wird sie in der Kantischen Ethik aus dem Zusammenhang von Moral und praktischer Vernunft ausgeschlossen. Insofern sie weder der Vernunft noch der Moral des Menschen zugehörig ist, wird sie in der Folge von Kants Überlegungen in den Bereich des rein Subjektiven verwiesen und zur reinen Privatsache des Individuums erklärt. Ob und auf welche Weise man sich mit der Frage nach dem gelungenen Leben auseinandersetzt, bleibt dem individuellen Belieben des Einzelnen überlassen. Ebenso bleibt das Gelingen des Lebens dem Zugang und auch der Beurteilung durch Dritte verschlossen – jeder selbst muss und kann entscheiden, ob und auf welcher Grundlage er ein gelungenes Leben führt.

Diese Marginalisierung des guten Lebens, seine regelrechte Verbannung aus den Debatten der prakischen Philosophie, wirkt für lange Zeit nach. Eigentlich erst seit den 1950er Jahren wird (wieder) intensiv darüber diskutiert, welcher Stellenwert dem gelungenen Leben in der Moralphilosophie zukommt, insbesondere, ob sich die etablierte Vorstellung von (vernunft-)prinzipiengeleiteten moralischen Handlungen und ethischen Urteilen mit den Anforderungen des guten Lebens verein- baren lässt.[7] Anders gesagt: Lebt der Mensch, der sich durch ein hohes Maß an Moralität und Vernunft auszeichnet, gut? Kann ein Leben voller unmoralischer Handlungen, Laster und Irrationalitäten nicht doch ein gutes Leben sein, wenn es von der betroffenen Person bewusst gewählt wurde? Was ist mit Menschen, deren Lebensweise wir als sinnentleert und selbstzerstörerisch beurteilen würden, die uns nichtsdestoweniger aber versichern, dass sie sehr glücklich sind? Auch wenn das gute Leben wieder einen festen Platz in der Philosophie beansprucht, gilt noch

---

[7] Für die neue Debatte um das gute Leben vgl. Elif Özmen: Moral, Rationalität und gelungenes Leben, Paderborn 2005.

immer: „Was aber die Glückseligkeit sein soll, darüber entzweit man sich." Einige der philosophischen Streitpunkte, die weit über die akademische Philosophie hinaus-, ja eigentlich mitten in unser aller Leben hineinragen, sind die folgenden.

(1) Zunächst muss man feststellen, dass im menschlichen Alltag die Frage, wie man leben soll, um ein gelungenes Leben zu führen, weniger präsent ist als die Frage, was konkret man jetzt tun soll. Einzelne Entscheidungen – was ich jetzt esse, wie ich von A nach B komme, wie ich meine Arbeit zeitig genug beende – werden tagtäglich gefällt ohne Bezug auf die Frage, ob sie für das Gelingen des Lebens zuträglich sind. Manchen Entscheidungs- und Lebenssituationen wird von den Betroffenen aber Gewicht zugesprochen in Hinsicht auf das Gelingen oder Mißlingen ihres Lebens. Typischerweise sind das Situationen mit weitreichenden Folgen und einer gewissen Tiefe, d. h. einer Bedeutung, die über den konkreten Gegenstand hinausweist (zum Beispiel Entscheidungen für den zukünftigen Beruf, für enge persönliche, zum Beispiel Liebesbeziehungen oder Freundschaften, für das Selbstbild).[8] Darüber hinaus können Personen in Situationen geraten, in denen sich die Frage nach dem gelungenen Leben sehr vehement stellt, zum Beispiel angesichts des unmäßigen Leids einer geliebten Person oder angesichts der eigenen Sterblichkeit, die jeden Lebensplan ad absurdum zu führen scheint. In solchen Situationen stellt sich die Frage nach dem gelungenen Leben aus der Erfahrung grundlegender Aporien der menschlichen Existenz. Die Passiv-Konstruktion – „die Frage stellt sich" – ist hier durchaus wörtlich zu nehmen, da es sich nicht um eine Reflexion über das eigene Leben mit „kühlem Kopf" handelt. Solche Erfahrungen, die keine „Moral von der Geschichte" haben, „erschüttern" die Person und können ihre bisherigen Sinnvorstellungen vollständig zur Disposition stellen.

---

[8] Der amerikanische Philosoph Bernard Williams schildert zahlreiche beispielhafte Situationen, vgl. sein „Moralischer Zufall. Philosophische Aufsätze 1973-1980", Königstein 1984.

Die Frage nach dem Sinn des Lebens drängt sich ihr geradezu auf. Die Frage, wie man leben soll, wird in dieser Perspektive des existentiellen Zweifels zu der Frage, welchen Sinn das Leben überhaupt hat. Da jeder Mensch prinzipiell in Situationen des existentiellen Zweifels geraten kann, können wir folgern:

Unabhängig davon, dass sich nicht jede reale Person die Sinnfrage stellt, ist die Frage nach dem Sinn bzw. dem gelungenen Leben eine solche, die sich jedem Menschen stellt.

Diese zunächst widersprüchlich erscheinende Aussage klärt sich auf, wenn man unterscheidet zwischen der empirischen Behauptung, „Alle Menschen fragen sich, wie sie ein gelungenes Leben realisieren können", und der Aussage, „Die Frage nach dem gelungenen Leben stellt sich jedem Menschen". Die empirische Behauptung kann falsch sein (und ist es wohl auch), die Aussage bleibt davon zunächst unberührt.

(2) Situationen des existentiellen Zweifels sind Extremsituationen, in denen Menschen ihre sicheren Überzeugungen hinsichtlich ihrer Fähigkeiten und Möglichkeiten in der Welt gefährdet sehen, und in denen sich die Frage nach dem gelungenen Leben in besonders dringlicher Weise als Frage nach dem Sinn des Lebens stellt. Kann man solchen existentiellen, tendenziell erschütternden Infragestellungen entgehen? Soll man es nach Möglichkeit sogar, gelingt womöglich ein wenig reflektiertes, wenig festgelegtes, unverbindliches Leben eher? Ich denke, dass die Antwort nein lauten muss, da es zur Beschaffenheit der menschlichen Existenz gehört, dass Menschen über ein Bewusstsein von sich, von ihren Fähigkeiten und Möglichkeiten verfügen und zur Reflexion darüber in der Lage sind, was sie tun sollen oder was sie wissen können. Vergleichbar der Frage nach der Moral oder der Frage nach der Erkenntnis kann man auch die Frage nach dem gelungenen Leben als strukturell mit der Beschaffenheit der menschlichen Existenz verbunden betrachten. Die Frage nach dem gelungenen Leben ist daher auch außerhalb von existentiellen Notsituationen, in denen sie sich aufdrängt, Gegenstand von Reflexionen mit „kühlem Kopf":

Die Frage nach dem gelungenen Leben (als Frage danach, wie man als Mensch leben soll) kann ebenso wie die Frage nach der Moral (oder: wie man als Mensch handeln soll) und die Frage nach der Erkenntnis (was man als Mensch sicher wissen kann) als eine philosophische Frage verstanden werden.

(3) Prinzipiell kann sich jeder Mensch die Frage nach dem gelungenen Leben stellen, aber „soll" er das auch? Und wie ist das „soll" in der Frage danach, wie man leben soll, zu verstehen? Ist es mit der Bedingungslosigkeit des moralischen Sollens vergleichbar? Oder handelt es sich um ein bedingtes Sollen, abhängig von den instrumentellen oder zweckrationalen Überlegungen einer konkreten Person? Ergeben sich aus dem Sollen Pflichten zur Umsetzung einer Konzeption gelungenen Lebens, z.B. zur Einhaltung von bestimmten Regeln oder zur Realisierung bestimmter Werte? Und wenn ja, gelten diese Pflichten für die einzelne Person oder kann ihre Einhaltung auch von Dritten gefordert werden? Diese Fragen verweisen zurück auf das Verhältnis von Moral und gutem Leben, die für die antiken Philosophen selbstverständlich eine Symbiose eingingen. Für uns stellt die Frage nach dem Guten und dem guten Leben für den Menschen gegenwärtig allerdings eine Herausforderung dar, weniger harmonischer Dreiklang als eine grundsätzliche Spannung zwischen Fragen des Glücks und der Rationalität (die unser individuelles Wohlbefinden betreffen), Fragen des guten Lebens (einer über das eigene Wohl hinausgehenden, jedenfalls zum Teil objektivierbaren, wertegeleiteten Lebensführung) und Fragen der Moral. Ob diese Spannung von der Philosophie aufgehoben werden kann, erscheint mehr als fraglich – es kann keine (philosophische oder sonstige) Anleitung zum guten Leben geben. Aber die Philosophie kann uns bei der folgenden Einsicht hilfreich zur Seite stehen:

Als selbstreflektierende, ihr Leben planende Lebewesen, sind Menschen auf umfassende Selbst- und Weltdeutungen angewiesen. Die Formulierung ‚ein Leben führen' bringt zum Ausdruck, dass Personen in der Lage sind, das Ganze ihres Lebens als einen Handlungszusammenhang zu betrachten, der wie jede einzelne Handlung auch, sinnlos, unvernünftig und moralisch verfehlt sein kann.

Das Leben kann uns dann ebenso, wenn wir uns der Reflexion und Gestaltung desselben verweigern oder wenn wir nicht in der Lage sind, es zu ‚führen‘, ‚zustoßen‘, undurchschaubar sein und eines roten Fadens entbehren. Es kann aber auch – und vielleicht sollte man philosophisch nur in solchen Fällen von einem gelungenen Leben sprechen – im Sinne einer sinnigen, zusammenhängenden ‚Geschichte‘ mit einem Anfang und einem Ende, als ein sinnvolles Ganzes erscheinen. Dann sollte ein gelungenes Lebensganzes aber nicht als eine Reihe von Vorfällen aufgefasst werden, in die man hereingeraten ist, und die, wenn sie auch befriedigend und beglückend gewesen sein mögen, außerhalb unseres bewussten Wollens und vernünftigen Wünschens oder berechtigter Ansprüche und Interessen Dritter standen. Wenn es richtig ist, dass ein gelungenes Leben weitgehend Kontingenzen vermeiden muss und des Weiteren kein solches sein kann, das von unbewussten Motivationen, zwanghaften Wünschen und falschen Erwartungen und Meinungen bestimmt ist, dann ist das gelungene Leben dasjenige, das neben der Freiheit zur autonomen Abwägung von Handlungs- und Lebensoptionen eine Aufklärung und Kritik der eigenen Lebenspläne verlangt.

Wem diese philosophische Skizze einer Konzeption des guten Lebens zu abstrakt und anspruchsvoll erscheint, sei abschließend verwiesen auf den einfachen (nichtsdestoweniger treffenden) Vorschlag Monty Pythons am Filmende von „The Meaning of Life“:

Lady Presenter: „Well, that's the end of the film. Now, here's the meaning of life. [She is handed a gold-wrapped booklet.] Well, it's nothing very special. Try to be nice to people, avoid eating fat, read a good book every now and then, get some walking in, and try and live together in peace and harmony with people of all creeds and nations.“

Glossar

Aristoteles: griechischer Philosoph (384-322 v. Chr.), Schüler Platons und Lehrer Alexanders des Großen. Neben seinen naturwissenschaftlichen Arbeiten, u. a. in Physik, Biologie und Mathematik, hat er sich extensiv mit Fragestellungen der Ethik, Logik, Metaphysik und Epistemologie auseinandergesetzt. Viele der heute noch bearbeiteten Fragestellungen und Konzepte finden sich erstmals in Aristoteles' Schriften. Er kann in vielerlei Hinsicht als Begründer der modernen Naturwissenschaften und der Logik gelten.

Ethik: hat als Gegenstand die Wertvorstellungen, Werturteile und Handlungsrichtlinien, die die Basis menschlichen „guten" Handelns darstellen. Es kann zwischen deskriptiver Ethik und normativer Ethik unterschieden werden. Während erstere das in einer Gesellschaft vorgefundene Moralsystem wertneutral beschreibt, zielt letztere darauf, selbst zu Werturteilen zu gelangen, die als universal gültig gelten können.

Eudaimonia (altgr.): allgemein das gute, gelungene und glückliche Leben, das als höchstes und von allen erstrebtes Gut gilt. Bei Aristoteles ist die eudaimonia der zentrale Begriff seiner Ethik und bezeichnet ein objektiv gutes und erstrebenswertes Leben. Er sieht den Weg zur eudaimonia in der Ausübung der spezifisch menschlichen Fähigkeiten: Einerseits ist dies die Vernunft, die den Menschen zu einem philosophisch-theorisierenden Leben befähigt, und andererseits seine Natur als Gemeinschaftswesen, welche im politischen Leben zum Ausdruck kommt. Unabhängig davon, welche Lebensform gewählt wird, ist die eudaimonia jedoch stets mit der Ausrichtung des Handelns auf das objektiv und damit ethisch Gute verschränkt.

Hedone (altgr.): die Lust. Bezeichnet eine Vielfalt lustvoller Empfindungen, die von sinnlicher Lust bis zu intellektuellem Vergnügen reichen. Im von diesem Wortstamm abgeleiteten Hedonismus steht vor allem die sinnliche Lust als Ziel und Maßstab eines glücklichen, gelungenen Lebens im Vordergrund. In Platons Politeia findet sich jedoch auch die Ansicht, dass ein gerechtes, an Maßstäben der Vernunft ausgerichtetes Leben lustvoll sei, also zur hedone führe, und Aristoteles sieht die höchste Form der Lust in der ungehinderten Ausführung dessen, was man gut kann.

Immanuel Kant: deutscher Philosoph (1724 - 1804). Als seine größte Leistung gilt die Synthese der antagonistischen Strömungen des Rationalismus und Empirismus, womit er die moderne Philosophie begründete. Die größte Breitenwirkung hatten wohl seine Formulierungen des „kategorischen Imperativs", die er als wichtigste und absolute moralische Gebote auffasst. Die beiden Grundgebote finden sich dabei in der Universalisierungsformel „Handle nur nach derjenigen Maxime, durch die du zugleich wollen kannst, dass sie ein allgemeines Gesetz werde" und der Selbstzweckformel „Handle so, dass du die Menschheit sowohl in deiner Person, als in der Person eines jeden anderen jederzeit zugleich als Zweck, niemals bloß als Mittel brauchst."

Kontingenz: steht im Gegensatz zur Notwendigkeit. Kontingenz bezeichnet Umstände, die zwar kausal erklärt werden können, aber nicht in ihrem Auftreten determiniert sind. Dies bedeutet, dass ihre Existenz zwar möglich, aber nicht notwendig ist. Kontingenzen drücken damit immer auch das Unwägbare und die Möglichkeit des Zufalls aus.

Logos (altgr.): Gespräch, Aussage, Überlegung, Begründung. Dieses mit vielfältigen Bedeutungen aufgeladene Wort erhält innerhalb der klassischen griechischen Philosophie vor allem die Bedeutung des Rationalen und der Vernunft, ausgedrückt durch die vernünftige Rede und das Argumentieren nach Gesetzen der Logik. Darüber hinaus wird logos jedoch auch als Bezeichnung für die Gesetzmäßigkeiten, die die Welt und den Kosmos strukturieren und ordnen, genutzt.

Platon: griechischer Philosoph (429 - 347 v. Chr.), Schüler des Sokrates und Gründer der Akademie in Athen. Abgesehen von der Apologie, die die Verteidigungsrede Sokrates wiedergibt, verfasste Platon alle seine philosophischen Schriften in Dialogform. Besonders in den Frühdialogen machte er dabei oft seinen ehemaligen Lehrer Sokrates zu einem der Diskussionsteilnehmer. Obwohl sich hier seine eigene Lehre und die ursprünglichen Ansichten Sokrates vermischen, sind diese Dialoge die einzige philosophisch wertvolle Quelle, die wir heute über Sokrates' Lehre besitzen. Im „Höhlengleichnis" veranschaulicht Platon seine zentrale Ideenlehre, die besagt, dass die wahrnehmbare Welt lediglich ein Abbild einer vollkommenen, transzendentalen Ideenwelt ist, die wir nur durch philosophische Bildung schauen können.

Praktische Philosophie: Teildisziplin der Philosophie, die Ethik, Metaethik, Politische Philosophie und Rechtsphilosophie umfasst. Die praktische Philosophie fragt nach den Gründen und der Angemessenheit unseres Handelns und versucht, allgemein gültige Normen für unser Handeln und Urteilen zu finden. Ethik, politische Philosophie und Rechtsphilosophie befassen sich jeweils mit einem bestimmten Teilbereich unseres täglichen Lebens, in dem Werturteile und normative Erwägungen von Bedeutung sind. Ergänzend analysiert und hinterfragt die Metaethik moralische Begriffe und Urteile, indem sie beispielsweise „gut" und „schlecht" als grundlegende moralische Kategorien näher definiert und auf ihre Gültigkeit hin untersucht.

Rationalität: wird in der Ethik oft der Vernunft gegenübergestellt. Die Begriffe der Rationalität und der Vernunft beziehen sich beide auf Handeln, das von Gründen und nicht etwa von Gefühlen oder spontanen Launen geleitet ist. Allerdings sind die jeweils handlungsmotivierenden Gründe und damit auch die Handlungsrichtlinien unterschiedlich: Während die Vernunft Richtlinien angibt, die unabhängig von persönlichen Zielen und Umständen für jeden gültig sind bzw. sein sollen, bezieht sich Rationalität auf das, was klug ist zu tun, um die spezifischen

Ziele einer einzelnen Person zu verwirklichen. Während Vernunft daher eher im Bereich der Ethik anzusiedeln ist – Kants „kategorischer Imperativ" ist beispielsweise ein solches Gebot der Vernunft – spricht man von Rationalität im Falle von Zweck-Mittel-Überlegungen, typischerweise im eigenen Interesse oder zum Vorteil des Handelnden.

Tyche (altgr.): das Zufallsglück. Tyche bezeichnet die Art von Glück, die von außen kommt und von dem Menschen nicht beeinflusst werden kann.

Bernard Williams: britischer Philosoph (1929-2003). Er lehrte u. a. in Cambridge, Berkeley, Kalifornien und Oxford. Daneben nahm er durch sein Amt in verschiedenen Regierungskommissionen und Komitees auf die Politik Großbritanniens konkreten Einfluss. Er vertritt die Ansicht, dass die Versuche, Moralphilosophie in ein starres Ordnungssystem zu zwängen, verfehlt sind. Er ist ein prominenter Kritiker des Utilitarismus. Er gilt heute als einer der wichtigsten Moraltheoretiker unserer Zeit.

Übersicht: Forschungsteams und -themen

Team *„Adler"*
Forschungsthema: Freizeitverhalten von Jugendlichen
Marven Eberwein, Burhan Gökcek, Kevin Krieger
(Jahrgangsstufe 9, Karolina-Burger-Realschule plus, Ludwigshafen)

Team *„Das Team"*
Forschungsthema: Wie ändern sich die Lebensziele in verschiedenen Altersstufen?
Florian Fetzer, Bianca Fitt, Lilli Langbein, Niklas Lübcke,
Simion Martin, Nele Mauler
(Jahrgansstufe 10, Elisabeth-von-Thadden-Schule, Heidelberg)

Team *„Der Tragödie erster Teil"*
Forschungsthema: Vom Feuerwehrmann zum Doktor der Medizin –
Wie und durch welche Faktoren verändert sich der Berufswunsch im Laufe der Jugend?
David Bresson, Miriam Heitz, Dirk Jester, Katjuschka Owusu
(Jahrgangsstufe 12, Integrierte Gesamtschule Ernst Bloch, Ludwigshafen)

Team *„Der Tragödie zweiter Teil"*
Forschungsthema: Leistungsdruck und Berufswahl
Sina Schott, Dilara Yildiz
(Jahrgangsstufe 12, Integrierte Gesamtschule Ernst Bloch, Ludwigshafen)

Team *„Die Glückskinder"*
Forschungsthema: Wann macht der Lebenslauf glücklich?
Was macht ihn „perfekt"?
Laura Nuber, Cassandra Süß
(Jahrgansstufe 10, Elisabeth-von-Thadden-Schule, Heidelberg)

Team „*Future Five*"
Forschungsthema: Wie verändert sich die Vorstellung der Zukunft
in Bezug auf Alter und Geschlecht?
Sarah Albrecht, Elisabeth Gothein, Mistral Höltzcke,
Annkathrin Leisen, Sarah Tischer
(Jahrgansstufe 10, Elisabeth-von-Thadden-Schule, Heidelberg)

Team „*Teletas*"
Forschungsthema: Wie beeinflussen die Eltern ihre Kinder
zu deren Berufswunsch?
Tassia Heuser, Lea Steinmetz, Teresa Weise
(Jahrgansstufe 10, Elisabeth-von-Thadden-Schule, Heidelberg)

Team „*Forschungsgruppe Familie*"
Forschungsthema: Familienleben in der Zukunft
Laura Diefenthal, Daniela Gniot, Julka Halder, Johanna Pfundstein,
Kim Steiner, Hannah Tornow
(Jahrgangsstufe 12, Theodor-Heuss-Gymnasium, Ludwigshafen)

Team „*Lamworschdikan*"
Forschungsthema: Im Spannungsfeld zwischen Wunsch und Wirklichkeit
Johannes Barth, Melissa Depping, Jasmin Luckscheiter, Lilly Osburg,
Philipp Rentschler
(Jahrgansstufe 12, Geschwister-Scholl-Gymnasium, Ludwigshafen)

Team „*KBRS*"
Forschungsthema: Was ist ein guter Lebenslauf?
Yasser Ahmed, Sinem Gürses, Mustafa Ilica
(Jahrgangsstufe 10, Karolina-Burger-Realschule plus, Ludwigshafen)

Team „*WWR*"
Forschungsthema: Welche Priorität hat die Karriere bei Jugendlichen?
Cornelius Boll, Kaiyaya Diehl, Benjamin Hoffmann, Antonia Jäger, Rene Thomas
(Jahrgangsstufe 9, Wilhelm-Wundt-Realschule, Mannheim)

Wie verändert sich die Vorstellung der Zukunft in Bezug auf Alter und Geschlecht?

Team *„Future Five"*
Sarah Albrecht, Elisabeth Gothein, Mistral Höltzcke,
Annkathrin Leisen, Sarah Tischer
(Jahrgangsstufe 10, Elisabeth-von-Thadden-Schule,
Heidelberg-Wieblingen)

1. Die Forschungsfrage

Unsere Forschungsfrage lautet:
„Wie verändert sich die Vorstellung der Zukunft in Bezug auf Alter und Geschlecht?"

Uns interessierte diese Frage, weil wir uns Gedanken über unsere Zukunft gemacht haben und uns dabei aufgefallen ist, dass wir im Laufe unseres Lebens unsere Berufswünsche oft geändert haben. Außerdem gab es Unterschiede zwischen Jungen und Mädchen in unserer Gruppe. Wir wollten wissen, ob es anderen Kindern und Jugendlichen genau so ergeht/erging.

Im Vergleich dazu hatten wir vor, ebenfalls Erwachsene zu befragen, ob sich ihr Berufswunsch geändert hat und ob sich ihr Traum vom glücklichen Leben erfüllt hat. Denn aus eigener Erfahrung wussten wir, dass sich unsere Berufswünsche im Laufe unseres Lebens geändert hatten und sich vermutlich auch noch mehrmals ändern werden.

Im Kindergarten hat man womöglich die Vorstellung, Sänger oder Fußballstar zu werden und in der Grundschule zum Beispiel Tierärztin. Wir glaubten, dass ab der 5. Klasse Berufsvorstellungen realistischer werden würden. Außerdem vermuteten wir, dass Schüler des Gymnasiums oft einen akademischen Beruf erlangen wollen und Schüler der Realschule sich oft einen Ausbildungsberuf aussuchen. Wir wollten wissen, ob dies auch auf unser Umfeld zutrifft.

Wir erwarten, dass Schüler der 7. Klasse unrealistischere Berufswünsche haben als Schüler der 12. Klasse. Des Weiteren gehen wir davon aus, dass es erhebliche Unterschiede zwischen der Berufswahl von Schülern der 10. Klasse der Realschule und der 10. Klasse des Gymnasiums gibt. Ein Grund dafür könnte sein, dass die Realschüler weniger Zeit bis zu ihrem Realschulabschluss haben als die Gymnasiasten bis zu ihrem Abitur. Darüber hinaus interessierte uns, ob sich die Zukunftsträume und Berufswünsche von Erwachsenen erfüllt haben.

2. Die Erhebung

Unser Projekt dauerte von September 2012 bis Mai 2013.
Wir haben uns entschieden, die quantitative Untersuchungsmethode anzuwenden und haben dazu zwei verschiedene Fragebögen entworfen. Die ersten vier Fragen des Schülerbogens waren reine Informationsfragen nach Alter, Geschlecht, Schulform und Klassenstufe. Als Nächstes fragten wir nach dem ersten Berufswunsch und dem damaligen Alter. Danach folgten Fragen über die Vorstellung vom Erwachsenenleben, den derzeitigen Berufswunsch und die Begründung dafür. Außerdem interessierte uns, ob für die Befragten dieser erreichbar schien und ob sie von anderen bei der Berufswahl beeinflusst werden. Die letzten zwei Punkte fragten nach dem Glücklichsein und der Erfüllung der aktuellen Wünsche im Leben.
Den zweiten Fragebogen, der ebenfalls zwölf Fragen umfasste, entwickelten wir für Erwachsene. Die ersten Fragen beinhalteten wieder Informationen über Geschlecht und Alter. Danach folgte eine Frage nach dem Berufswunsch in der Jugend. Anschließend wollten wir wissen, warum die Befragten in dem aktuellen Beruf arbeiten und ob sie sich an ihren ersten Berufswunsch und das Alter zu diesem Zeitpunkt erinnern können. Danach folgten allgemeine Fragen über Schulabschluss, Studium und/oder Ausbildung. Als Nächstes erkundigten wir uns, ob die Befragten mit ihrem derzeitigen Beruf zufrieden sind und wie viele

Kinder sie haben. Als letztes sollten sich die Erwachsenen auf einer Skala von eins bis zehn nach ihrem derzeitigen Zustand von „glücklich sein" einordnen.

Insgesamt haben wir 120 Fragebögen ausgeteilt, davon waren 100 für Schüler und 20 für Erwachsene bestimmt. Letztendlich haben wir 100 Fragebögen von Schülern zurückerhalten, von diesen wurden drei mit unnötigen und offensichtlich falschen Angaben ausgefüllt (zum Beispiel Berufswunsch: Osterhase). Die Schüler haben wir in ihren Klassenzimmern während des Unterrichts, nach Absprache mit dem zuständigen Lehrer befragt. Wir haben drei Klassen an unserem Gymnasium und eine 10. Klasse der Wilhelm-Wundt-Realschule in Mannheim befragt. Bei der 7. Klasse an unserer Schule hatten wir dem Lehrer vor der Befragung unser Projekt kurz vorgestellt. Bei der 10. und 12. Klasse, ebenfalls an unserer Schule, war so ein Gespräch nicht notwendig, da wir während der Befragung die Schüler aufklärten. Den Kontakt zur Realschule verdanken wir unserer Tutorin. Nach kurzem E-Mail Kontakt sendeten wir einem Lehrer die Bögen mit frankiertem Rückumschlag zu. Die Erwachsenen, meist Verwandte oder Freunde unserer Familien, wurden von jedem einzelnen von uns befragt. Eine kleine Erklärung des Projektes war auch hier nötig.

Es kamen insgesamt 13 von 20 Fragebögen zurück. Das Alter der befragten Schüler war zwischen 12 und 20 Jahren und das der Erwachsenen zwischen 41 und 71 Jahren.

3. Datenauswertung und Zusammenfassung der Ergebnisse:

3.1 Schüler und Erwachsene

Uns hat vor allem interessiert, wie viele der Jugendlichen ihren Berufswunsch bereits einmal geändert haben. Das haben wir zuerst bei den Schülern getrennt nach dem Geschlecht untersucht und haben herausgefunden, dass 71,1 Prozent aller befragten Mädchen ihren Berufswunsch schon geändert haben und 42,9 Prozent der Jungen.

Das heißt, es sind fast 30 Prozent mehr Mädchen als Jungen, die ihren Berufswunsch bereits geändert haben, was bedeuten könnte, dass sie sich allgemein mehr Gedanken dazu machen oder lieber vorsichtiger und nicht so sicher an Entscheidungen herangehen wie die Jungen.

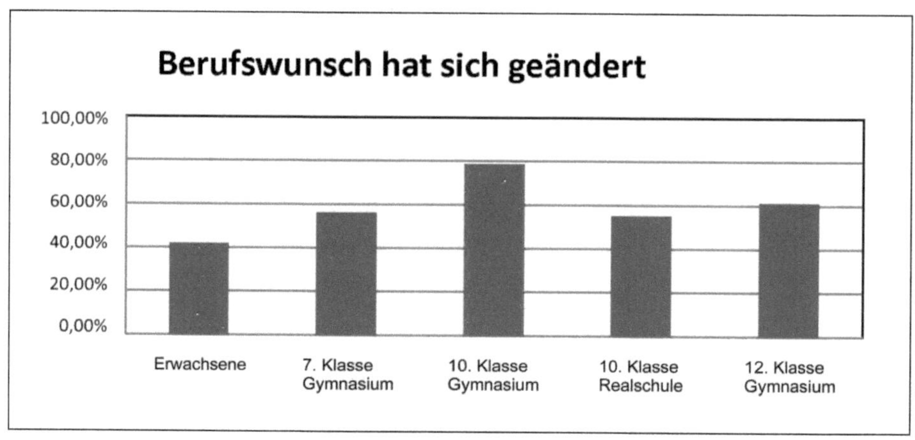

Im Hinblick auf das Alter haben wir auch untersucht, bei wie vielen sich der frühere Berufswunsch von dem heutigen unterschieden hat:

Bei den Erwachsenen hat der Berufswunsch sich bei 41,6 Prozent (5 Personen) aller Befragten geändert.

Hier ist die Anzahl derjenigen, die ihren Berufswunsch änderten und derjenigen, die ihn beibehielten, ziemlich ausgeglichen, da er sich ungefähr bei der einen Hälfte geändert hat und bei der anderen gleich geblieben ist.

In der 7. Klasse hat sich der Berufswunsch bei 56 Prozent geändert, in der 10. Klasse bei 78,6 Prozent und in der 12. Klasse bei 61,1 Prozent.

Man sieht, dass in höheren Klassen die Schüler eher dazu neigen, ihren Berufswunsch zu ändern. Vor allem die Schüler aus der 10. Klasse, die ihren Schulabgang nicht direkt vor Augen haben und sich vielleicht auch besser an ihre ersten Berufswünsche erinnern können als die 12. Klasse, aber im Gegensatz zu der 7. Klasse auch schon einige ihrer Träume, zum Beispiel wegen der Schulnoten, aufgegeben mussten, haben eine hohe Änderungsrate.

An der Realschule haben wir lediglich die 10. Klasse befragt, wobei hier das Ergebnis ist, dass sich der Berufswunsch bei 55 Prozent (11 Personen) aller Befragten geändert hat.

Ebenso wie bei den Erwachsenen hat sich hier bei circa der Hälfte der Berufswunsch geändert. Damit sind sie sich in Bezug auf ihren Berufswunsch sicherer als die Gleichaltrigen auf dem Gymnasium.

Hierzu haben wir kein Diagramm erstellt:

Insgesamt hat sich der Berufswunsch bei 61 Prozent (36 Schüler) aller befragten Schüler des Gymnasiums geändert.

Bei 55 Prozent (11 Schüler) aller befragten Schüler der Realschule hat sich der Berufswunsch, wie oben schon erwähnt, geändert.

Am Gymnasium haben wir wesentlich mehr Schüler befragt, dennoch kann man sagen, dass es zwischen Gymnasium und Realschule allgemein keinen großen Unterschied gibt, da die 6 Prozent Unterschied auch von Messungsungenauigkeiten kommen könnten.

In der 7. Klasse konnte man öfter Wechsel des Berufswunsches, wie beispielsweise von Sänger oder Schauspieler zu Anwalt, beobachten. In der 10. Klasse Realschule gingen die Wechsel eher von Astronaut zu Chemikant, von Fußballer zu Fachinformatiker oder Industriemechaniker. Interessante Wechsel aus der 12. Klasse waren: Von Steinforscher zu Arzt, von Fußballprofi zu Menschenrechtsbeauftragter, von Astronaut zu Historiker, von Soldat zu Arzt, von Schauspielerin zu Chirurgin, von einer Feuerwehrfrau und einer Archäologin zum Bereich Medien/ Journalismus.

Ganz allgemein hat sich der Berufswunsch bei 58,8 Prozent (37 Personen) aller Befragten geändert. Gleich geblieben, oder zumindest in einem Berufsbereich geblieben, der dem alten sehr ähnelt, ist der Berufswunsch bei 13,8 Prozent (11 Personen) der Schüler. Davon waren vier Mädchen, also 8,8 Prozent aller befragten Mädchen und sieben der elf Personen Jungen – das sind 20 Prozent aller Jungen.

Hier sieht man abermals, dass die männlichen Befragten sich sicherer in ihrer Berufswahl sind, indem sie ihren Berufswunsch nicht nur nicht ändern (denn dann hätten sie ja auch zum Beispiel nie einen

Berufswunsch haben können), sondern auch früher UND heute einen Berufswunsch hatten und haben und dieser sogar bei einem von fünf Jungen gleich ist.

In Bezug auf die Schulart haben wir das Gleichbleiben des Berufswunsches ebenfalls untersucht. 8,1 Prozent (5 Personen) der Gymnasiasten und 30 Prozent (6 Personen) der Realschüler haben, soweit sie sich erinnern können, nie den Bereich ihres Berufswunschs gewechselt.

Dadurch wird eindeutig wieder gezeigt, dass die Realschüler auch als jüngere Menschen schon besser wissen, in welche Richtung sie mit ihrem Beruf wollen.

3.2 Schüler

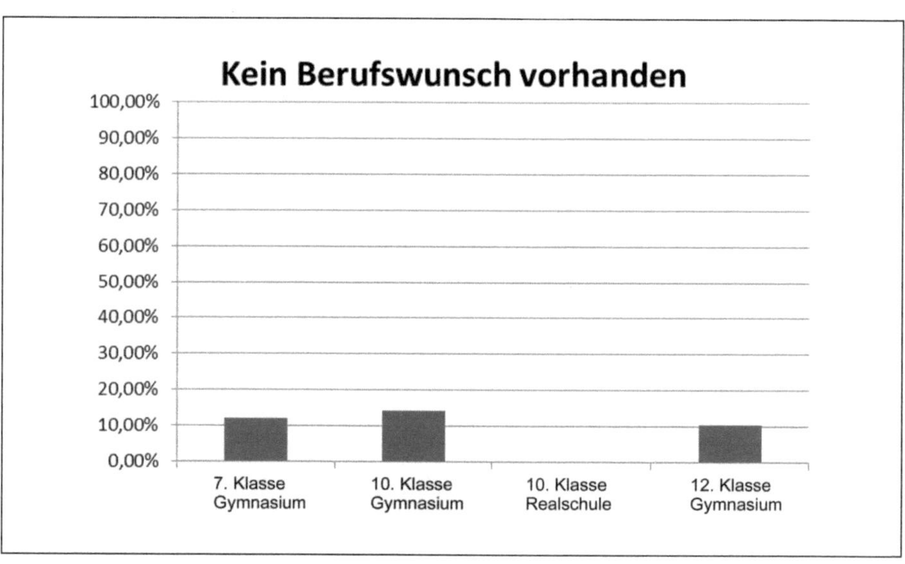

Bei diesem Diagramm haben wir uns wieder die einzelnen Klassenstufen angeschaut. Wir haben untersucht, bei wie vielen Leuten ein Berufswunsch überhaupt vorhanden ist. Tabellarisch haben wir diejenigen, bei denen kein Berufswunsch vorhanden war, ausgewertet. Unsere Ergebnisse hierbei lauten:

Obwohl man in der 7. Klasse noch keine genauen Berufsvorstellungen haben muss, sind sie schon bei ungefähr 90 Prozent der Schüler vorhanden. Nur bei 12 Prozent (3) der 7. Klasse ist derzeit noch kein Berufswunsch vorhanden.

Bei 14,3 Prozent (2) der 10. Klasse ist derzeit kein Berufswunsch vorhanden und bei der 12. Klasse ist er bei 10,5 Prozent (2) nicht vorhanden.

Die 12. Klasse hat von diesen drei Klassenstufen eine nur geringfügig kleinere Unwissenheit über ihren Berufswunsch, was verwunderlich ist, da diese Schüler direkt vor dem Abschluss stehen und eigentlich besser als die 7. und die 10. Klasse wissen sollten, wie es nach dem Abi für sie weiter geht und worauf sie hinarbeiten.

Bei den Realschülern lag die Rate der Schüler, die keine Vorstellung von ihrem zukünftigen Beruf haben, bei 0 Prozent (0 Personen).

Das war sehr auffällig für uns, da jeder der Realschüler eine Vorstellung seines zukünftigen Berufes hatte. Da sie direkt vor ihrem Abschluss stehen, müssen sie schon Pläne für danach haben. Im Gegensatz zu den Abiturienten, die ebenso vor ihrem Abschluss stehen, haben sie eine viel genauere Vorstellung davon, was sie wollen.

Insgesamt kann man sagen, dass im Schnitt rund 80 Prozent der Befragten schon eine konkrete Vorstellung ihres späteren Berufes haben. Nun gehen wir mehr auf das ein, was die Schüler für ihr Erwachsenenleben als wichtig erachten.

Insgesamt finden zum Beispiel 26,7 Prozent (12 Personen) aller Mädchen, dass Geld einer der wichtigsten Faktoren in der Zukunft ist. Bei den Jungen sind es fast genauso viele: 25,7 Prozent (9 Personen).

Die beiden Geschlechter sind überraschend gleich in ihrem Wunsch nach Wohlstand. Dass nur eine von vier Personen einen Beruf für viel Geld machen will, ist auch erstaunlich wenig.

Kinder wollen 66,7 Prozent (30 Personen) der Mädchen und 51,4 Prozent (18 Personen) der Jungen.

Wir hatten schon vermutet, dass mehr Mädchen als Jungen Kinder wollen. Dass „nur“ die Hälfte aller Jungen und zwei Drittel aller Mädchen

Kinder wichtig für ihr zukünftiges Leben erachten, war in diesem Alter zu erwarten.

Heirat erachten 44,4 Prozent (20 Personen) der befragten Mädchen und 37,1 Prozent (13 Personen) der Jungen als einen wesentlichen Punkt für ihre Zukunft.

Auch hier war klar, dass Mädchen eine Heirat wichtiger ist – auch wenn der Prozentsatz von 44,4 Prozent, was weniger als die Hälfte der Mädchen darstellt, für unsere Erwartungen eher niedrig ist. Die Jungen haben eine höhere Prozentzahl als gedacht, was dazu führt, dass die Geschlechterunterschiede eher gering sind.

Insgesamt wurden in der 10. Klasse des Gymnasiums als Entscheidungsfaktor am häufigsten ein großes Haus, Kinder und viel Geld genannt. Bei den Realschülern waren es in derselben Klassenstufe im Verhältnis noch öfter die Kinder und danach die Heirat. Außerdem haben sie öfter die Kategorie „Wohnung" als „großes Haus" angekreuzt. Gymnasiasten, die wissen, dass sie durch ihren Bildungsstand mehr Chancen im Berufsleben haben als die Realschüler, träumen eher von Karriere und einer einflussreicheren Lebensstellung. Die Realschüler hingegen scheinen sich mit ihren eher mittelmäßigen Chancen abgefunden zu haben und konzentrieren sich nun früher auf bodenständige Ziele, die erwachsener und vernünftiger erscheinen.

Die Gründe, die die Schüler für ihren Berufswunsch angegeben haben, haben wir nur im Vergleich zwischen der 7. und 12. Klasse des Gymnasiums untersucht. Dabei ist hervorgegangen, dass für die 7.-Klässler der häufigste Grund die Lust auf den Beruf war, dicht gefolgt von der Motivation. Bei den 12.-Klässlern war der häufigste Grund ebenfalls Lust und danach ebenfalls Motivation, aber der Grund „Helfen" hat bei ihnen eine genauso große Rolle gespielt.

Daraus zeigt sich, dass der Wunsch nach der eigenen Freude am Beruf sich im Verlauf des Alters nicht verändert. Allerdings werden auch selbstlose Ziele wichtig.

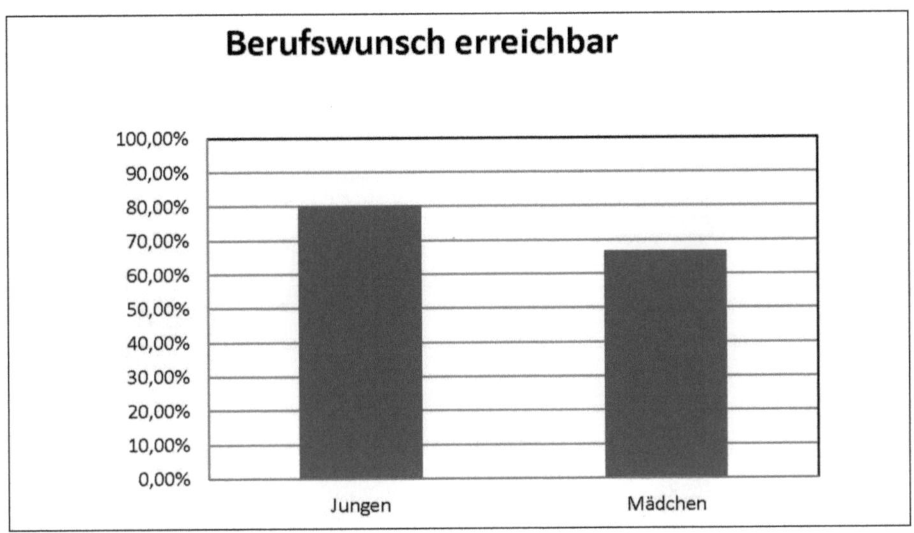

Ob die Schüler glauben, dass ihr derzeitiger Berufswunsch erreichbar ist, haben wir in unserem Fragebogen auch gefragt und untersucht.

In Bezug auf Geschlecht haben wir dabei herausgefunden, dass Jungen zu 80,0 Prozent (28 Personen) und Mädchen zu 66,7 Prozent (30 Personen) daran glauben.

Wie es zu erwarten war, sind die männlichen Schüler viel sicherer, dass sie schaffen, was sie wollen und haben ein größeres Selbstvertrauen. Ob das gerechtfertigt ist, lässt sich bezweifeln.

Denn vor allem in der 7. Klasse hat man nicht nur einmal den Berufswunsch „Schauspieler" oder „Fußballstar" und danach das eindeutige „Ja, ich kann das schaffen!" lesen können. Im Gegensatz dazu hat ein Mädchen aus der 10. Klasse Gymnasium, die ebenfalls Schauspielerin werden will, bei der gleichen Frage das Kästchen „Nein" angekreuzt.

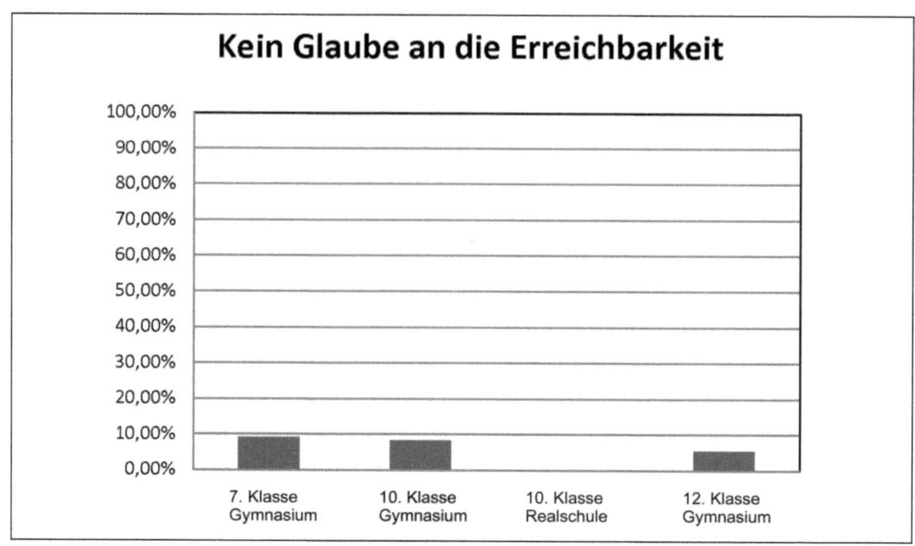

In Bezug auf Alter und Schulart hat sich zu diesem Thema gezeigt, dass in der 7. Klasse Gymnasium 9,1 Prozent (2 Personen) aller Schüler dieser Klasse nicht an die Erreichbarkeit ihres Berufswunsches glaubten. Die 10.-Klässler auf dem Gymnasium haben zu 8,3 Prozent (1 Person) nicht daran geglaubt und die Gleichaltrigen der Realschule zu 0 Prozent (0 Personen). An die Unerreichbarkeit ihres Berufswunsches haben die Gymnasiasten der 12. Klasse mit 5,3 Prozent (1 Person) geglaubt.

Sichtbar ist hier, dass die jüngeren Schüler eher wissen, dass ihre Chancen ihren oft unrealistischen Berufswunsch auszuführen, nicht so gut stehen. Vielleicht ist die Berufswelt ihnen aber auch einfach noch zu fremd, um einschätzen zu können, wie ihre Aussichten sind. Auffällig ist wieder, dass die Realschüler bodenständiger und rationaler sind als die Gleichaltrigen auf dem Gymnasium oder sogar als die ältere Abschlussklasse des Gymnasiums.

Bei der Frage „Was tust du für die Erfüllung deiner aktuellen Wünsche für dein Leben?" gab es klare Unterschiede: Die häufigsten Antworten in der 7. Klasse waren „sich in der Schule anstrengen" oder „trainieren" (bei dem „Fußballstar" beispielsweise) oder „Ich liebe Tiere" (bei dem Traumberuf Tierarzt) „Ich interessiere mich für ...".

In der 10. Klasse Gymnasium las man auch oft „Schule", aber öfter „neue Erfahrungen sammeln" und in der Realschule zum Beispiel: „Ich bemühe mich sehr, meine Ziele zu erreichen und zeige sehr viel Ehrgeiz an den Sachen, die ich zu machen habe."

Die 12. Klasse hatte fast ausschließlich die Antworten „Gutes Abitur schreiben" und „Praktika absolvieren".

Diese Antworten zeigen eindeutig, dass die älteren Schüler schon sehr viel mehr und genauere Sachen für ihren Berufswunsch machen. Sie denken wirklich realistisch darüber nach, was sie wollen. Diese Frage hat im Endeffekt mehr gebracht als die Frage „Glaubst du, dass du das erreichen kannst?", da die meisten daran glaubten.

Auch zeigte es, dass die Realschüler mehr auf ihren Willen als auf ihre Qualifikationen setzen.

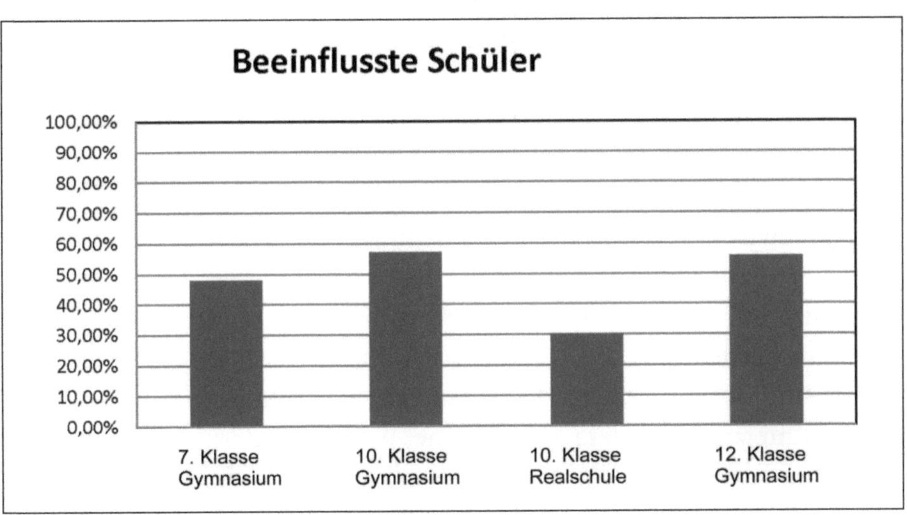

Ein anderer Punkt unseres Schülerfragebogen war: „Beeinflussen dich andere bei der Berufswahl?". Durch diese Frage haben wir folgende Ergebnisse erlangt:

44,4 Prozent (20 Personen) der Mädchen und 45,7 Prozent (10 Personen) der Jungen werden beeinflusst.

Die Zahlen sind außergewöhnlich eng beieinander. Mädchen und Jungen werden gleich häufig beeinflusst, gleich häufig sind sie eigenständig.

Nachstehende Zahlen berichten von derselben Frage in Bezug auf Alter und Schulart (siehe auch Grafik): 48 Prozent (12 Schüler) der 7. Klasse Gymnasium glauben, dass sie von ihren Eltern oder anderen Personen beeinflusst werden. Bei der 10. Klasse derselben Schule sind es 57 Prozent (8 Personen) und bei der 10. Klasse einer Realschule werden 30 Prozent (6 Schüler) beeinflusst. Die 12. Klasse eines Gymnasiums schneidet mit 55,6 Prozent (10 Schüler) ab.

Auffallend ist in dieser Grafik, dass die Gymnasiasten viel stärker beeinflusst werden als die Realschüler. In der 10. Klasse ist dieser Unterschied fast ein Drittel. Daraus lässt sich folgern, dass Realschüler unbeeinflusster als Gymnasiasten sind.

Als wir die Berufswünsche der 12. Klasse durchgelesen haben, ist uns aufgefallen, dass 33,3 Prozent (6 Schüler) in den Bereich Medizin gehen wollen. Aber auch viele von den 7.-Klässlern wollen Arzt/Ärztin werden. Da die Schule, an der wir die Befragung durchgeführt haben allerdings sehr viele Arztkinder hatte, fanden wir das nicht verwunderlich. Es ist ein weiterer Beweis dafür, dass sogar die 12.-Klässler noch stark (ob bewusst oder unbewusst) von ihren Eltern beeinflusst werden.

Interessant war auch, dass die 12. Klasse vor allem bei der Frage „Von wem wurdest du beeinflusst" mit Antworten wie zum Beispiel „vom gesellschaftlichen Umfeld" geantwortet haben. Die 10.-Klässler (von Gymnasium und Realschule) wurden eher von Eltern beeinflusst, aber man konnte auch „Andere Erfolgreiche, die diesen Beruf ausüben" oder Ähnliches lesen. Die 7. Klassenstufe hingegen hat die Frage fast ausschließlich mit „Meine Eltern" oder „Familie" beantwortet.

3.3 Erwachsene

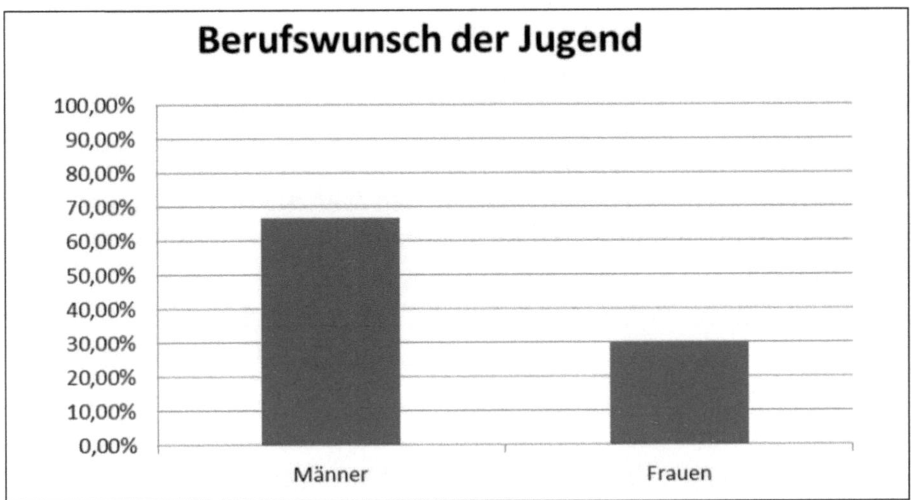

In diesem Diagramm haben wir veranschaulicht, wie viele der befragten Erwachsenen den Berufswunsch ihrer Jugend noch ausüben.

Wir sind zu dem Ergebnis gekommen, dass 30 Prozent (3) aller weiblichen Befragten ihren damaligen Berufswunsch noch haben.

Bei den männlichen Befragten sind es 66,6 Prozent (2).

Aufgrund der geringen Anzahl der Befragten ist das Ergebnis nicht sehr genau. Dennoch ist der Unterschied zwischen Frauen und Männer in Bezug auf den gleichgebliebenen Berufswunsch groß. Die männlichen Befragten waren sich von Anfang an relativ sicher in ihrer Berufswahl. Aber euch die weiblichen Teilnehmerinnen schneiden mit einer von drei Frauen, die als Jugendliche schon wusste, was der richtige Beruf für sie ist, nicht schlecht ab.

In dem Erwachsenen-Fragebogen sind wir sehr auf ihren jetzigen Beruf eingegangen und haben nach verschiedenen Faktoren, die zu der Berufswahl geführt haben, geforscht.

Auf unsere Frage, warum sie in diesem Beruf tätig sind, hat niemand „Karriere machen", „prominent werden" oder „um reich zu werden" angekreuzt. Wiederum sehr viele haben angegeben, dass sie es aufgrund ihres Talentes machen, aus Vernunft oder um anderen Menschen zu helfen. Auch eine sehr hohe Anzahl übt ihren Beruf aus Lust aus und weil sie motiviert sind. Es sind genau 75 Prozent; 9 von 12 Befragten. 16,7 Prozent (2) hatten Lust nicht angekreuzt, sind jedoch in ihrem derzeitigen Beruf trotzdem zufrieden.

Das fanden wir erstaunlich, denn wenn man in seinem Beruf zufrieden ist heißt das doch, dass man Spaß an ihm hat! Allgemein machen sehr viele ihren Beruf aus Spaß und nicht nur, um davon zu profitieren. Viele wollen mit ihren Talenten sogar selbstlos helfen.

Außerdem haben wir eine Skala erstellt, auf der die Befragten zwischen 1-10 angeben konnten, wie glücklich sie sind (1 bedeutet unglücklich). Das durchschnittliche Glück liegt bei 7,1. 10 hat niemand angekreuzt, aber auch niemand kreuzte einen Wert unter 5 an.

Beachtlich dabei ist, dass auch in großen Umfragen (in vielen Nationen und mit vielen Leuten) dieser Faktor immer ca. 7 ist.

Hierzu haben wir uns zwei Faktoren angeschaut: Leute, die den Berufswunsch ihrer Jungend haben und Leute, die keine Kinder haben. Unser Ergebnis lautet:

Auf einer Skala von 1-10 liegt das durchschnittliche Glück von Leuten, die den Berufswunsch ihrer Jugend haben bei 7,8.

Das bedeutet, dass die Menschen, die früh bodenständig und realistisch waren, auch später glücklicher sind, als solche, die ihre Meinung geändert haben.

Auf einer Skala von 1-10 liegt das durchschnittliche Glück von Leuten, die keine Kinder haben, bei 8,83.

Hierbei ist sehr auffällig, dass kinderlose Leute im Schnitt glücklicher sind. Das allerdings hat uns wieder verblüfft, da man oft hört, dass Kinder einen glücklich machen sollen.

Nur von einem Befragten wurde sein jetziger Beruf von den Eltern gefordert. Zehn Befragte von insgesamt 12 haben studiert, keiner hat das Studium abgebrochen.

4. Fazit und Antwort zu unserer Forschungsfrage

Veränderungen von der Vorstellung vom guten Lebenslauf in Bezug auf Geschlecht:

Das weibliche Geschlecht macht sich allgemein mehr Gedanken zu seinem Berufswunsch oder ist lieber vorsichtiger und geht nicht so sicher wie das männliche an solche Entscheidungen heran.

Die beiden Geschlechter haben beide einen gleich großen Wunsch nach Wohlstand, aber Mädchen wollen öfter als Jungen Kinder und Heirat.

Aber auch die Jungen haben eine erstaunlich hohe Rate: Heiraten wollen mehr als ein Drittel aller Jungen und Kinder wollen die Hälfte aller Jungen.

Und das, obwohl kinderlose Leute laut unseren Forschungsergebnissen im Schnitt glücklicher sind.

Beeinflusst werden Mädchen und Jungen aber gleich häufig.

Veränderungen von der Vorstellung vom guten Lebenslauf in Bezug auf Bildungsstand:

Realschüler, die gleichzeitig Abschlussschüler sind, sind sich sicherer über ihre Wahl und allgemein selbstständiger als die Gleichaltrigen im Gymnasium und auch als die Abschlussschüler des Gymnasiums, die eigentlich auch schon besser wissen sollten, was sie wollen.

Außerdem träumen Gymnasiasten eher von Karriere und Einflussreichtum. Die Realschüler hingegen konzentrieren sich früher auf bodenständige Ziele, die oft erwachsener und vernünftiger sind.

Veränderungen von der Vorstellung vom guten Lebenslauf in Bezug auf Alter:

Obwohl man in der 7. Klasse noch keine genaue Berufsvorstellungen haben muss, wissen die jüngeren Schüler schon relativ genau, was sie wollen. Erkennbar ist aber auch, dass die jüngeren Schüler oft – trotz nicht realistischer Vorstellungen – an deren Erreichbarkeit glauben. Andere der jüngeren Befragten waren sich aber trotz durchaus realistischer Berufswünsche nicht sicher, ob sie es schaffen können. Sie können ihre Möglichkeiten noch nicht einschätzen.

Die älteren Schüler wissen hingegen schon sehr viel mehr und genauer, was sie für ihren Berufswunsch machen wollen. Sie denken wirklich realistisch darüber nach, was sie wollen.

Ihre Vorstellung ist aber trotzdem oft vorerst nur „Studieren" und die Schüler werden noch stark, ob bewusst oder unbewusst, von ihren Eltern beeinflusst.

Insgesamt verändert sich der Wunsch nach der eigenen Freude am Beruf im Verlauf des Alters nicht, obwohl auch selbstlose Ziele wichtig werden. Bis hin zu den Erwachsenen wollen und arbeiten die meisten in einem Beruf, weil er ihnen Spaß macht und weniger wegen des Geldes.

Allgemein haben wir herausgefunden, dass Menschen, die früh bodenständig und realistisch sind, oft später auch glücklicher sind als solche, die oft ihre Meinung ändern.

5. Offene Fragen

Wie es bei den meisten Projekten der Fall ist, fiel auch uns im Nachhinein auf, was wir hätten besser machen können. Während des Arbeitsprozesses entdeckten wir strategische Lücken in unserem Konzept, die nicht mehr zu schließen waren.

Zum Beispiel enthielten unsere Fragebögen Fragen, die uns hinsichtlich unserer Forschungsfrage nicht weiterhalfen. Für ein nächstes Projekt würden wir deshalb erst Fragen für die Auswertung erstellen und anhand dessen dann einen Fragebogen schreiben, der nur die Kernfragen beinhaltet, die uns wirklich interessieren. Die Frage an die Erwachsenen, ob sie mit ihrem derzeitigen Beruf zufrieden seien, konnten diese nur mit ja oder nein beantworten. Später fiel uns auf, dass eine Skala der Zufriedenheit besser gepasst hätte.

Unsere jüngsten Befragten waren 12 Jahre alt und in diesem Alter sind die Vorstellungen von der eigenen Zukunft schon relativ realistisch. Für eine bessere Darstellung der Veränderung des Berufswunsches hätten wir zudem noch jüngere Kinder befragen sollen. Hier hätte sich eine qualitative Befragung besser angeboten, da viele von ihnen einen Fragebogen nicht verstehen würden oder überhaupt gar nicht lesen können.

Um ein wirklich klares Ergebnis zu erhalten, hätten wir deutlich mehr Menschen befragen sollen, was allerdings wegen des geringen Zeitfensters und dem dafür großen Aufwand nicht möglich war. Wir teilten unsere Fragebögen nur an 20 Erwachsene aus und erhielten davon 14 zurück. Es ist klar, dass unsere Ergebnisse, bei solch einer geringen Zahl, nicht wissenschaftlich verwendbar sind. Zudem befragten wir hauptsächlich unsere Familie oder unsere Lehrer. Davon hatten die meisten ihr Abitur absolviert. Es wäre interessant zu sehen, ob und wie sich die Ergebnisse ändern würden, wenn wir Erwachsene aus anderen Gesellschaftsschichten befragt hätten. Außerdem wäre es hilfreicher gewesen, wenn wir in den Fragebögen mehr auf die Entwicklung des Berufswunsches eingegangen wären.

Trotz aller Ideen zu einer Verbesserung können wir abschließend sehr zufrieden mit unserem Projekt sein. Unsere Ergebnisse entsprachen in etwa unseren Erwartungen und haben uns geholfen, unserer Forschungsfrage näher zu kommen.

Anhang

Fragebögen „*Future Five*"

1. Fragebogen Jugendliche

1. Ich bin ein:
   O Junge   O Mädchen

2. Ich bin .... Jahre alt

3. Ich gehe in die .... Klasse.

4. Ich besuche:
   O das Gymnasium   O die Realschule   O die Hauptschule

5. Kannst du dich an deinen ersten Berufswunsch erinnern?
   a. O Nein
   b. O Ja, Welchen ? ....
      Wie alt warst du damals? ....

6. Viele Jugendliche haben eine Vorstellung von ihrem Erwachsenenleben. Wie sieht das bei dir aus? Was ist für dich wichtig? (Bitte max. 3 Antworten ankreuzen)

   O Großes Haus   O Partnerschaft   O Sonstiges: ....
   O Wohnung   O Heiraten
   O Viel Geld   O Kinder

7. Was ist dein derzeitiger Berufswunsch?

   ....

8. Warum ist das dein Berufswunsch?

O Berufung   O Ich habe Talent dafür
O Ich will Karriere machen   O Ich habe Lust dazu
O Ich will anderen helfen   O Vernunft
O Berühmtheit   O Geld verdienen
O Motivation   O Erwartung der Eltern
O Sonstiges: ....

9. Glaubst du, dass du das erreichen kannst?

a. O Ja   b. O Nein

10. Beeinflussen dich andere bei der Berufswahl?

a. O Ja   b. O Nein

11. Was denkst du wird dich am glücklichsten machen?

O Karriere   O Vermögen   O Erfolg im Job
O Kinder   O Religion   O Lebenspartner
O Job, der anderen hilft   O sonstiges: ....

12. Was tust du für die Erfüllung deiner aktuellen Wünsche für dein Leben? (Bitte beschreibe kurz!)

....

....

2. Fragebogen Erwachsene

1. Ich bin:
   O männlich   O weiblich

2. Ich bin .... Jahre alt

3. Mein Beruf ist: ....

4. Ist das auch der Berufswunsch Ihrer Jugend?
   a. O Ja   b. O Nein

5. Warum arbeiten Sie in diesem Beruf?
   (mehrere Ankreuzmöglichkeiten)
   O Berufung   O Ich habe Talent dafür
   O Ich will Karriere machen   O Ich habe Lust dazu
   O Ich will anderen helfen   O Vernunft
   O Berühmtheit   O Geld verdienen
   O Motivation   O Erwartung der Eltern
   O Sonstiges: ....

6. Können Sie sich an Ihren ersten Berufswunsch erinnern?
   a. O Nein
   b. O Ja, In welchem Alter? ....
          Welcher Beruf? ....

7. Welchen Schulabschluss haben sie absolviert?
   O Hauptschulabschluss/Volksschulabschluss
   O Realschulabschluss
   O Fachhochschulreife
   O Allgemeine Hochschulreife/Abitur

8. Haben Sie studiert?
   a. O Ja, Welcher Studiengang? ....
   b. O Nein
   c. O abgebrochen

9. Haben Sie eine Ausbildung gemacht?
   a. O Ja, Welche Ausbildung? ....
   b. O Nein
   c. O abgebrochen

10. Sind Sie mit ihrem derzeitigen Beruf zufrieden?
    a. O Ja   b. O Nein

11. Haben Sie Kinder?
    a. O Nein
    b. O Ja, Wie viele? ....

12. Auf einer Skala von 1 bis 10, wie glücklich sind Sie?
    1   2   3   4   5   6   7   8   9   10
    Sehr unglücklich   glücklich   sehr glücklich

Kinderlos glücklich?
Gespräch zwischen *Future Five* und der Jury

Karin Heyl: *Ich bin beeindruckt von der Präsentation und den Ergebnissen! Das erste ist eine allgemeine Verständnisfrage: wie habt ihr das gemessen, „beeinflusste Schüler"?*

Sarah Albrecht: Also, wir haben einfach auf unseren Fragebogen geschrieben: „Werdet ihr von jemandem beeinflusst und wenn ja, von wem?". Bei den meisten waren es die Eltern, die die Schüler beeinflusst haben.

Alexandra Müller: *Im Sinne davon, dass sie ihnen Vorschläge machen ...*

Sarah Albrecht: Ja, Vorschläge oder Ratschläge.

Karin Heyl: *Wie lange habt ihr euch darüber ausgetauscht oder wie lief der Austausch darüber, was „glücklich sein" ist? Im Fragebogen habt ihr nach dem Beruf und Zufriedenheit gefragt, aber insgesamt nach dem Glücklichsein. Wie seid ihr zu dieser Aufteilung, zu dem gegenseitigen Bezug, gekommen?*

Annkathrin Leisen: Der Beruf hat ja viel mit dem Leben zu tun und füllt bei vielen Menschen den Lebensinhalt und es ist ja auch eine große Sache, einen Beruf zu haben. Daraus ergibt sich das ja automatisch: je nach dem, welchen Beruf man hat, ist man glücklich im Leben. Beruf und Leben sind zwei Dinge, die man nicht voneinander trennen kann und die stark zusammenhängen. Das heißt, man kann daraus folgern: je glücklicher man im Beruf ist, desto glücklicher ist man auch im privaten Leben.

Thomas Gautschi: *Ich möchte erst einmal allen Gruppen meinen Glückwunsch aussprechen. Ich bin ja von Haus aus Sozialforscher und beschäftige mich mit dem Sammeln und der Analyse von Daten – im Gegensatz zu Vielem, was zur Zeit in der Presse herumgeht, auch legal – und war wirklich beeindruckt, was Sie alles mit diesen Daten angestellt haben und muss sagen, dass mir vieles besser gefällt, als es manche meiner Studenten noch im sechsten Semester hinkriegen. Herzlichen Glückwunsch! Nicht nur*

*an die, die später den ersten Platz belegen werden, sondern auch an die, die
den zweiten und dritten Platz belegen werden. Meine Frage ist deswegen
auch eher eine allgemeine, die ich Ihnen als Gruppe stelle: Was haben Sie als
Gruppe gelernt aus dem, was Sie da gemacht haben? Glauben Sie, dass so
etwas wie das Sammeln von Daten und das Analysieren, und zwar das sehr
zielstrebige und das auf ein Ziel hingeleitete Analysieren von Daten, tatsächlich
alle Fragen, die innerhalb einer Gesellschaft auftauchen, zum Beispiel nach
dem Glück oder dem guten Leben, dem guten Lebenslauf, dass das alles
durch Statistiken beantwortet werden kann?*

Sarah Albrecht: Ich glaube nicht, dass das alles durch Statistiken beant-
wortbar ist. Denn schon allein das Glück muss einem erst bewusst
sein und was überhaupt Glück ist. Ob man das in einem Fragebogen darstellen kann, ist fraglich. Deshalb kann man vielleicht einen Eindruck
gewinnen, aber ob es wirklich der richtige ist und ob es das ist, was in
einem Menschen vorgeht und wie es in der Gesellschaft aussieht – das ist
dann eine andere Frage. Aber ein Stück weit können Statistiken natürlich auch weiterhelfen, das haben wir ja hier gelernt.

Elif Özmen: *Eines eurer Ergebnisse war ja, festzustellen, dass es eine große
Offenheit, man könnte auch sagen Unentschlossenheit oder Vorsicht, bei jungen
Erwachsenen in Bezug auf ihre eigenen Zukunfts- und Berufswünsche gibt.
Ich würde gerne wissen, ob es gut ist für das Leben, für das gute Leben, für
das persönliche Leben, einen guten Lebenslauf zu haben? In dem Sinne, dass
man schon relativ früh weiß, was man machen will und man die jeweiligen
Karriereschritte angeht.*

Annkathrin Leisen: Das trifft auf manche Menschen sicher zu, die einen
genauen Plan haben wollen im Leben und die genau wissen wollen: in
20 Jahren bin ich das und das und habe das und das erreicht. Ich denke
aber, dass das stark mit der Persönlichkeit zusammenhängt und mit der
persönlichen Entwicklung. Es gibt ganz unterschiedliche Wege, nicht nur
einen Plan sondern unterschiedliche Wege. Das hängt von den einzelnen
Menschen ab.

Alexandra Müller: *Wie geht es euch denn? Plant ihr euren Lebenslauf jetzt schon?*

Sarah Albrecht: Es bleibt uns ja gar nichts anderes übrig. Wir gehen jetzt alle noch zur Schule und machen in zwei Jahren hoffentlich unser Abitur. Wir haben dieses Jahr unsere Fächer für die Oberstufe wählen müssen und da macht man sich schon Gedanken, was man später mal studieren will oder was man nach dem Abitur machen will und welche Fächer man dazu braucht. Das spielt meistens ja auch eine Rolle. Es war dann schon schwierig, festzustellen, ob das, was man jetzt macht auch noch zu den Dingen gehört, die man in fünf Jahren oder nach dem Abitur machen möchte. Wir haben ja festgestellt, dass das nicht so ist: das ist schon ein bisschen beunruhigend.

Richard Hartmann: *Ich fand die Idee toll von Ihnen, die Frage nach dem Glück mit und ohne Kindern in ein neues Forschungsprojekt zu geben. Mich würde es sehr interessieren, ob ihr eine These dazu habt.*

Annkathrin Leisen: Eine These könnte dazu sein, dass wir nur sehr wenige Menschen befragt haben. Deswegen kann man eigentlich kein genaues Ergebnis erwarten. Dem sind wir uns bewusst und dazu hätten wir einfach eine größere Menge befragen müssen und auch einen größeren Querschnitt durch die Gesellschaft benötigt. Man kann das nicht so genau sagen.

Sarah Albrecht: Aber ein Grund ist uns eingefallen: vielleicht kann man ohne Kinder eher auf sich selbst achten und seine eigenen Interessen und Bedürfnisse verfolgen und hat deswegen primär ein höheres Glücksbefinden.

Jörg Ueltzhöffer: *Vielen Dank für heute Abend. Auch das Projekt war interessant. Ich habe eine Frage an euch: Habt ihr den Erwachsenen abgenommen, dass viel Geld verdienen eher eine Nebensache ist bei den Lebenszielen und beim Lebenslauf: glaubt ihr das?*

Annkathrin Leisen: Ich denke, das hängt mit dem Beruf zusammen. Vielleicht ist manchen einfach Karriere und Beruf wichtig und dass sie deswegen ein glückliches Leben haben. Oder jetzt, wo sie ihren Beruf schon haben, an das Geld gewöhnt sind und deswegen gar nicht mehr darauf achten müssen und vielmehr daran denken, was ihre Freude daran ist.

Familienleben in der Zukunft

Team *„Forschungsgruppe Familie"*
Laura Diefenthal, Daniela Gniot, Julka Halder, Johanna Pfundstein,
Kim Steiner, Hannah Tornow
(Jahrgangsstufe 12, Theodor-Heuss-Gymnasium, Ludwigshafen)

1. Allgemeines

Unsere Forschungsfrage lautet:
„Wie sieht Familienleben in der Zukunft aus?"

1.1 Warum interessiert es uns?

Als wir die Aufgabe bekamen, die Frage nach dem guten Leben zu stellen, beschlossen wir, uns auf den Aspekt Familienleben in der Zukunft zu beschränken. Das Thema interessiert uns vor allem, weil es ein unvermeidbares Thema in unserem späteren Leben ist.

Die Rollenverteilung in der Gesellschaft und innerhalb einer Familie hat sich im Laufe der letzten Jahrzehnte einem starken Wandel unterzogen. Die Generationen vor uns haben traditionelle Familienstrukturen hinterfragt und verändert. Nun sind wir die Generation, die mit diesen neuen Familienmodellen aufgewachsen ist.

Wir finden es ausgesprochen interessant herauszufinden, wie sie sich bei Jugendlichen bewährt haben und wie unsere Generation sich nun selber mit dem Thema Familienplanung und Rollenverteilung auseinandersetzt.

Besonders für uns als junge Frauen ist es von großer Bedeutung, sowohl Karriere als auch Familie in unserem zukünftigen Leben zu vereinen. Ständig wird in der Politik und in der Wirtschaft über Frauenquote, Herdprämie und Kitaplätze gestritten. Dennoch muss sich fast jede Frau an einem Punkt in ihrem Leben entscheiden, ob sie Familie oder Karriere bevorzugt. Eine Entscheidung, die in unseren Augen unmöglich zu fällen ist.

Trotz der vielen Debatten zum Thema scheint sich dieser Umstand in absehbarer Zeit auch nicht zu ändern.

Auch bei jungen Männern, die später auch kein unerheblicher Bestandteil unserer Familienplanung sein werden, würde uns interessieren, wie sie zu Themen wie Vaterschaftsurlaub und der Vereinbarung von Karriere und Familie stehen.

Schließlich haben einige von ihnen von ihren Eltern bereits ein alternatives Familienkonzept vorgelebt bekommen.

1.2 Wie sind wir auf diese Frage gekommen?

Aufgrund der oben beschriebenen Problematik, die sowohl junge Frauen als auch junge Männer betrifft, fällt uns auch persönlich die Entscheidung zwischen Familie und Karriere schwer. Auch der goldene Mittelweg, der versucht, beides zu vereinen, scheint nicht immer zu funktionieren. Daher interessieren uns die Lösungsansätze und Ansichten anderer Jugendlicher, was uns letztendlich dazu brachte, unsere Forschungsfrage so zu formulieren, wie wir es taten.

1.3 Was wissen wir bereits über das Thema?

Unser bisheriges Wissen basiert auf unseren persönlichen Familienhintergründen und unseren individuellen Vorstellungen von unserem zukünftigen Familienleben.

Auch innerhalb unseres sozialen Umfeldes können wir einiges beobachten, aus dem wir auf das Familienleben in der Zukunft schließen können.

Außerdem können wir einiges aus diversen Filmen, Serien etc., die sich mit dem Thema Zusammenleben in der Familie auseinandersetzen, über zukünftige Familienkonstellationen erfahren; denn schließlich beeinflussen uns die Medien in unseren Entscheidungen.

1.4 Welche Ergebnisse haben wir erwartet?

Wir hatten, auch aus persönlichen Erfahrungen, angenommen, dass sich Mädchen mit dem Thema Familienplanung früher auseinandersetzen würden als Jungen und dementsprechend differenzierter antworten würden.

Außerdem hatten wir erwartet, beziehungsweise gehofft, dass Jungen wie Mädchen, besonders aus bildungsstärkeren Familien, also Jugendliche mit Akademikereltern, einer neuen, emanzipierteren Rollenverteilung innerhalb der Familie offen begegnen würden. Dies erwarteten wir, weil wir davon ausgingen, dass man als Kind einer Mutter, die viele Jahre studiert hat, versteht, dass sie dann auch arbeiten will.

Des Weiteren hatten wir erwartet, dass Kinder von geschiedenen oder getrennt lebenden Paaren weniger gerne heiraten würden, und Kinder mit einem glücklichen familiären Hintergrund die heutige Familiensituation auf die spätere übertragen möchten.

1.5 In welchem Zeitraum wurde die Befragung durchgeführt?
Von März bis April 2013.

1.6 Welche Untersuchungsmethode haben wir ausgewählt?
Da wir davon ausgingen, dass sich die Antworten je nach Alter, Geschlecht und sozialem Umfeld stark unterscheiden würden, wählten wir die quantitative Untersuchungsmethode, um ein möglichst breites Meinungsbild zu erhalten.

1.7 Beschreibung des Erhebungsinstrumentes:
Unser Erhebungsinstrument war ein Fragebogen, der insgesamt 24 Fragen umfasste.

Zunächst erfragten wir mit den Fakt-Fragen (Nr. 1-5) einige generelle Angaben zur Person. Hier interessierten uns das Geschlecht, das Alter und die Klassenstufe der Befragten, da wir davon ausgingen, dass diese Angaben einen Einfluss auf die weitere Auswertung des Fragebogens haben würden. Wir fragten sowohl nach Alter als auch nach Klassenstufe, da wir davon ausgingen, dass jemand, der im Laufe seiner Schulzeit bereits zwei Mal wiederholt hat, möglicherweise eine andere Sichtweise haben würde als seine Klassenkameraden. Es stellte sich nach der Umfrage heraus, dass dies nicht der Fall war, da wir keine großen Abweichungen von Alter und Klassenstufe vermerken konnten und um die Auswertung einfacher zu machen, beschränkten wir uns hier auf die Klassenstufe.

Als Nächstes stellten wir zwei persönlichere „Ja"/„Nein"-Fragen (Nr. 6-7), zum Beispiel nach der Anzahl der Geschwister, da wir wissen wollten, ob sich diese auch auf die spätere gewünschte Anzahl an Kindern auswirken würde.

Mit unseren nächsten Fragen wollten wir mehr über die aktuelle Familiensituation erfahren. Hierbei stellten wir zunächst eine offene Frage (Nr. 3), in der wir den Befragten baten, sein familiäres Umfeld zu beschreiben.

Dann erfragten wir mit einer Mehrfachantwortfrage (Nr. 10) die Ausbildung und die Berufe der Eltern in der Hoffnung, etwas über die Schichtenzugehörigkeit der Befragten herauszufinden, um auch hier einen Vergleich erstellen zu können, was letztendlich jedoch nicht gelang, da wir feststellen mussten, dass Gymnasiasten in der Regel aus ähnlichen Schichten stammen, und die wenigen Ausnahmen nicht als repräsentativ gelten können.

Die nächsten Fragen dienten dazu, die offene Frage (Nr. 3) zu konkretisieren. Wir erfragten den Beziehungsstand der Eltern im Rahmen einer Alternativfrage (Nr. 12), die Beziehungen innerhalb der Familie über eine Ratingfrage (Nr. 13) und die generelle Zufriedenheit des Befragten mit seiner aktuellen Familiensituation in Form einer „Ja"/„Nein"-Frage (Nr. 14).

Danach folgten die Fragen, die uns helfen sollten, eine Antwort auf unsere ursprüngliche Fragestellung zu geben. Wir wollten mit teilweise halboffenen „Ja"/„Nein"-Fragen (Nr. 15-18) erfahren, wie sich die Befragten ihre Familie in der Zukunft vorstellten. Hierfür verwendeten wir teilweise die Antworten, die zur aktuellen Familiensituation gegeben worden waren, um ein genaueres Bild der zukünftigen Familie zu zeichnen. Wir stellten außerdem eine offene Frage (Nr. 19) zur Einstellung des Befragten zu einer Patchwork-Familie, da diese Form des familiären Zusammenlebens immer mehr zuzunehmen scheint.

Zu guter Letzt interessierte uns die Vorstellung, die die Befragten zur Rollenverteilung hatten. Hier formulierten wir zunächst zwei Statements, die eher konservativ einzuordnen waren. Dann stellten wir Fragen zur Elternzeit und der Bereitschaft der Befragten, diese anzunehmen. Bei dieser Frage handelte es sich um eine Ratingfrage, auf die dann noch eine Ratingfrage (Nr. 23) aufbaute.

Durch die Beantwortung dieser Frage durch den Befragten erhielten wir einen sehr genauen Einblick in dessen Meinung von Rollenverteilung innerhalb der Familie. Hier war natürlich der Vergleich zwischen den Geschlechtern ausgesprochen interessant.

Als letzte Frage wollten wir von dem Befragten, dass er genau die Entscheidung fällen musste, auf die wir unsere Fragestellung aufgebaut hatten. Diese fiel den meisten wohl am schwersten.

Zusätzlich lässt sich noch sagen, dass wir den gesamten Fragebogen so gestaltet haben, dass die Beantwortung der Fragen kontinuierlich schwerer wurde, da wir den Befragten nicht überfordern wollten und darauf hofften, dass er sich zunächst an seine Familie erinnert, bevor er sich die perfekte Familie ausmalt und dass er, wenn dies geschehen ist, ehrlich über die Rollenverteilung in dieser Familie berichten muss, um zu guter Letzt die Frage aller Fragen beantworten zu müssen.

1.8 Wen haben wir wo befragt?

Wir befragten Schülerinnen und Schüler von Berufsschulen und Gymnasien aus dem Raum Ludwigshafen, Mannheim und Zweibrücken.

Wir nahmen an, dass die achte, die zehnte und die zwölfte Klassenstufe für unsere Umfrage geeignet wären, da wir davon ausgingen, dass sich Schüler einer 8. Klasse weniger mit der zukünftigen Familienplanung auseinandergesetzt haben als 12.-Klässler, die kurz vor dem Schulabschluss stehen. Die 10. Klassenstufe haben wir dazu genommen, da einige Schüler nach dieser Stufe die Schule beenden, um eine Ausbildung zu machen und uns auch ihre Sichtweise auf die zukünftige Familienplanung interessierte. So haben wir mit diesen drei Klassenstufen die verschiedenen Stadien abgedeckt, in denen sich Jugendliche mehr oder weniger mit dem Thema Familienplanung auseinandersetzen. Aus der 8. Klasse befragten wir 42 Schülerinnen und Schüler, aus der 10. Klasse befragten wir 64 Schülerinnen und Schüler und aus dem 12. Jahrgang nahmen 28 Schülerinnen und Schüler teil.

1.9 Wie sind wir in Kontakt getreten?
In Kontakt mit den Schülern zu treten war sehr schwer. Wir wurden von vielen Schulen abgewiesen und konnten schließlich die Umfrage über Lehrer unseres Vertrauens durchführen.

1.10 Welche Erfahrungen haben wir bei der Befragung gemacht?
Durch die Unterstützung der Lehrer hatten wir die Möglichkeit, unsere Umfrage während des Unterrichts durchzuführen. Die meisten Schüler und Schülerinnen füllten die Fragebögen gewissenhaft aus und beantworteten die Fragen geduldig und aufmerksam. Einigen Schülerinnen und Schülern war das Fremdwort „Patchwork-Familie" nicht geläufig. An dieser Stelle möchten wir unseren Dank an die Lehrer aussprechen, die es den Schülern ermöglichten, an unserer Umfrage teilzunehmen und uns bei unserem Projekt unterstützten.

1.11 Mussten andere Personen angesprochen werden?
Wir riefen im Sekretariat der Schulen an und versuchten, einen Termin zu vereinbaren. Alle Schulen forderten daraufhin den Fragebogen an. Diesen ließen wir den Schulen mit einem kurzen Anschreiben zukommen, das uns und unser Projekt vorstellte. Oft waren Einverständniserklärungen bei Schülern und Schülerinnen unter 18 Jahren notwendig. Dies stellte uns vor große Probleme, da die Einverständniserklärung erst einmal genehmigt werden musste, in manchen Fällen hätten wir bis zum nächsten Schuljahr warten müssen, um unsere Umfrage durchführen zu können.

1.12 Wichtige Kennzahlen:

Wir druckten eine Anzahl von etwa 250 Fragebögen aus und bekamen 180 Fragebögen wieder zurück.

2. Datenauswertung

2.1 Übersicht über die Befragten:

	Männlich		Weiblich	
	Anzahl	%	Anzahl	%
Insgesamt	77	43	102	57
Gymnasium	72	52,9	64	47,1
Berufsschule	5	11,6	38	88,4
13- bis 14-Jährige	18	40,9	26	59,1
15- bis 16-Jährige	30	53	26	46,4
Älter als 17 Jahre	29	36,7	50	63,3

2.2 Inwiefern sind Menschen im Alter zwischen 13 und 19 zufrieden mit ihrer Familiensituation und würden diese auf ihre spätere Familie übertragen wollen?

Die Abbildung 1 (Anhang 2.1) zur Zufriedenheit mit der Familiensituation, gegliedert in verschiedene Altersstufen, ist ein Säulendiagramm, auf welchem verdeutlicht wird, wie viel Prozent der Jugendlichen im entsprechenden Alter zufrieden beziehungsweise unzufrieden mit ihrer Familiensituation sind. Eine dritte Säulengruppe zeigt die Prozentzahl der Jugendlichen, die sich nicht über ihr Wohlbefinden im Klaren waren.

Auffallend ist, dass in jeder Altersgruppe die Prozentzahl der zufriedenen Jugendlichen weitaus höher ist als die der unzufriedenen. Doch während bei den 13- bis 14-Jährigen noch 88,6 Prozent der Befragten mit ihrer Familiensituation glücklich sind, sind es bei den Jugendlichen älter als

17 Jahre nur noch 73 Prozent. Das bedeutet, dass bei Jugendlichen mit steigendem Alter tendenziell die Zufriedenheit mit der Familie abnimmt. Außerdem fällt auf, dass Jugendliche im Alter von 17 Jahren oder älter ein sehr genaues Bild ihrer Gefühlslage zu haben scheinen, da sie sich entweder klar für ihre Zufriedenheit mit der Familie aussprachen oder klar dagegen, aber niemand diese Frage mit Unentschlossenheit beantwortete.

Die nächste Abbildung zu diesem Thema im Anhang 2.2 ist ebenfalls ein Säulendiagramm, das diesmal nicht unter dem Aspekt des Alters die Zufriedenheit verdeutlicht, sondern den Unterschied der Zufriedenheit mit der Familiensituation von Männern und Frauen generell darstellt.

Hier sind die Unterschiede klar erkennbar, da offenbar männliche Jugendliche wesentlich besser mit ihrer Familie zurechtkommen als weibliche. 87 Prozent der jungen Männer sind glücklich mit der häuslichen Situation, während dieser Wert auf weiblicher Seite bei nur 71,6 Prozent liegt.

Diese Beobachtungen wirken sich auch auf die folgenden beiden Diagramme aus, auf denen der Wunsch nach einer Übertragung der momentanen Familiensituation auf das eigene spätere Leben verdeutlicht wird. Besonders im Diagramm (Anhang 2.3), welches zwischen den Geschlechtern generell unterscheidet, wird deutlich, dass die meisten Mädchen die aktuelle Familiensituation nicht auf ihre spätere Familie übertragen wollen, was sich mit ihrer hohen Unzufriedenheitsrate deckt. Überraschungen liefert hingegen die Grafik mit den Altersunterschieden (Anhang 2.4). Zwar war ein absoluter Großteil der 13- bis 14-Jährigen glücklich mit ihrer Familiensituation, doch nur 29,5 Prozent dieser Alterspruppe wollen die Familiensituation auf ihr eigenes Leben übertragen. Dies ist der allgemeinen Unentschlossenheit über die Zukunftsplanung zuzuschreiben, die in dieser jungen Altersgruppe vorherrscht. Ganze 52,3 Prozent der 13- bis 14-Jährigen wissen noch nicht sicher, wie ihr späteres Familienleben aussehen soll. Man sollte annehmen, dass sich mit steigendem Alter auch eine klarere Vorstellung des späteren Lebens einrichten sollte, doch belehrt uns die Grafik eines Besseren: Auch ein relativ hoher Anteil der 17-Jährigen und Älteren hat sich nicht festgelegt, ob sie die aktuelle Familiensituation auf ihre Zukunft übertragen wollen, nämlich 24,1 Prozent.

2.3 Inwiefern sind die Zukunftspläne junger Menschen schon konkretisiert in Hinsicht auf Heirat, Partnerschaft und Kinderwunsch?

Wir stellten den Jugendlichen einige konkrete Fragen zu ihrer Zukunftsplanung. Die erste betraf die Absicht, später einmal zu heiraten. Hier bekamen wir eine sehr eindeutige Antwort. Diese wird gut deutlich in dem Säulendiagramm, welches den Heiratswunsch der einzelnen Altersgruppen verbildlicht. Genauso wenig wie es hier Unterschiede zwischen jungen Männern und jungen Frauen zu verzeichnen gibt, halten sich auch die Prozentzahlen der Altersgruppen auf relativ gleicher Höhe. Mehr als die Hälfte der Befragten will sicher später heiraten. Bei den 13- bis 14-Jährigen sind es 65,9 Prozent; nur 2,3 Prozent dieser Altersgruppe wollen auf keinen Fall heiraten. Ähnlich verhält es sich mit den anderen Altersgruppen (Anhang 2.5).

Doch wir stellten uns auch die Frage, ob man die Ehe immer als Voraussetzung einer endgültigen Partnerschaft sehen sollte und stellten deshalb die Frage, ob sich die Befragten eine endgültige Partnerschaft auch ohne Hochzeit vorstellen könnten (Anhang 2.6). Die meisten der Jugendlichen können sich trotz ursprünglich weit verbreiteten Heiratswunschs eine uneheliche Partnerschaft vorstellen. Beeindruckend sind hier die Tendenzen unter den Altersgruppen: die jüngsten Befragten sind am ehesten zu einer unehelichen Partnerschaft bereit. Diese Bereitschaft sinkt kontinuierlich bei steigendem Alter, womit sie bei den 13- bis 14-jährigen bei 84,1 Prozent liegt und bei den älter als 17-jährigen bei 74,7 Prozent.

Abschließend zu diesen konkreten Fragen erkundigten wir uns nach dem generellen Kinderwunsch innerhalb der Familienplanung. Hier ist zu erwähnen, dass insgesamt 70,4 Prozent der Befragten eine Familie gründen wollen (Anhang 2.7). Diese 70,4 Prozent tendieren zu einer Kinderanzahl von zwei Kindern, wie in dem Säulendiagramm im Anhang

2.8 beeindruckend zu sehen ist. Ein Kind wünschen sich 8,7 Prozent der Jugendlichen, die später bereit sind, eine Familie zu gründen. Etwas mehr, nämlich 15,7 Prozent wünschen sich drei Kinder. Und ganze 63,5 Prozent wünschen sich zwei Kinder.

2.4 Wie entscheiden sich Jugendliche hinsichtlich der Extreme „Familie" und „Karriere"?

Zwingt man die Befragten zu einer Entscheidung zwischen den Extremen Familie und Karriere, bekommt man eindeutige Ergebnisse – zumindest auf weiblicher Seite. Das Säulendiagramm zeigt uns, dass sich 62,6 Prozent der Frauen definitiv für die Familie entscheiden würden, eine klare Mehrheit also. Junge Männer hingegen liefern uns bei dieser Fragestellung ein relativ ausgewogenes Ergebnis: 44,2 Prozent entscheiden sich dafür, die Familie als Priorität in ihrem späteren Leben zu setzen, und 46,8 Prozent wollen sich eher auf die Karriere konzentrieren (Anhang 2.9).

Dass so viele junge Frauen den Schwerpunkt auf Familie setzen, kann entweder noch ein Festhalten an Traditionen sein oder die weibliche Natur, welche sich wissenschaftlich erwiesen häufiger nach einer eigenen Familie sehnt als die männliche.

Diese hohe Bereitschaft bei Frauen, sich für die Familie zu opfern, ist auch bei dem nächsten von uns betrachteten Aspekt zu erkennen. Wir fragten nach der Bereitschaft der beiden Geschlechter, im Falle einer Geburt Vaterschafts- beziehungsweise Mutterschaftsurlaub zu nehmen (Anhang 2.10). Hier erklärten sich wieder mehr junge Frauen dazu bereit, nämlich 73,5 Prozent, während es bei den Jungen nur 33,8 Prozent waren, die Vaterschaftsurlaub nehmen würden. Dieser Prozentsatz entspricht in etwa der Anzahl der jungen Frauen, die sich eher keinen Mutterschaftsurlaub nehmen würden.

Da dieses Thema einer unserer Schwerpunkte war, vertieften wir es mit zwei Statements, zu denen die Befragten Stellung nehmen sollten. Das erste Statement lautete: *Verheiratete Frauen, die Kinder im Schulalter haben, sollten nicht arbeiten, es sei denn, es ist finanziell unbedingt notwendig.*

Dieser Aussage stimmen mehr Jungen (28,6 Prozent) als Mädchen (20,1 Prozent) zu, obwohl generell beide Geschlechter das Statement verneinen, was auf ein modernes Welt- und Frauenbild schließen lässt (Anhang 2.11). Der Unterschied zwischen den bejahenden Jungen und den bejahenden Mädchen lässt vermuten, dass mehr junge Männer am konservativen Familienbild festhalten, welches vorsieht, dass die Frau zu Hause bei den Kindern bleibt, während der Mann sein Geld verdient.

Das zweite Statement lautete: *Die Frau gehört in das Haus und zur Familie und das soll auch so bleiben.*

Hier ist der Anteil der Verneinenden noch größer als bei dem ersten Statement. 81,8 Prozent der Jungen stimmten nicht zu sowie 87,2 Prozent der Mädchen (Anhang 2.12). Dass einige Jungen das Statement bejahen würden, war vorherzusehen; der Prozentsatz liegt bei 19,6 Prozent. Doch dass trotz steigendem Emanzipationswillen immer noch 11,7 Prozent der jungen Frauen diesem Statement zustimmen überraschte uns, da dieses Statement eine recht beengende und einschränkende Lebenssituation für Frauen beschreibt. Gerade junge Frauen haben normalerweise den Willen, etwas in ihrem Leben zu erreichen, das einen gut organisierten Haushalt übersteigt. Doch anscheinend gibt es immer noch einen geringen, sehr konservativ denkenden Anteil junger Mädchen.

2.5 Zusammenfassung der Ergebnisse

Generell ist uns bei der Auswertung der Fragebögen aufgefallen, dass ein Großteil der Befragten sehr bereitwillig und ausführlich auf unsere Fragen geantwortet hat. Leider gab es aber auch den ein oder anderen Fragebogen, der wegen unrealistischen Antworten nicht für uns verwertbar war.

Wir sind begeistert von der Offensichtlichkeit mancher Ergebnisse, wie zum Beispiel, dass die meisten Befragten mit ihrer aktuellen Familiensituation zufrieden sind. Was uns in dieser Hinsicht allerdings überraschte, war die Tatsache, dass Jungen offenbar besser mit ihrer Familie klarkommen als Mädchen. Allgemein schätzt man das weibliche als das harmoniebedürftigere und familienorientiertere Geschlecht ein und erwartet deshalb eine entsprechend gute Situation in der Familie. Doch vielleicht tut man den Jungen mit dieser Vorstellung Unrecht.

Außerdem kamen wir zu dem herausstechenden Ergebnis, dass, trotz der allgemein sehr hohen Zufriedenheit, die meisten Jugendlichen ihre Vorstellung von der eigenen Familie noch offen lassen. Das heißt, es gibt keine zwanghafte Orientierung an den aktuellen Zuständen in der eigenen Familie.

Überrascht waren wir auch von der hohen Anzahl der Jugendlichen, die unbedingt in ihrer Zukunft heiraten wollen, hier verzeichneten wir ungefähr zwei Drittel der Befragten. Trotz dieses hohen Prozentsatzes können sich immerhin mehr als drei Viertel der Befragten auch eine endgültige Partnerschaft ohne Heirat vorstellen. Dies führt zu dem Schluss, dass der Heiratswunsch unter jungen Leuten zwar weit verbreitet ist, aber nicht unbedingt eine Ehe für eine glückliche Partnerschaft vorausgesetzt wird. Unser vorheriger Eindruck der Gesellschaft ließ uns annehmen, die meisten Jugendlichen würden sich nur ein Kind wünschen, da sich dieses Familienmodell immer weiter durchsetzt und laut Statistik die Geburtenrate in Deutschland immer weiter sinkt. Doch entgegen unserer Erwartungen sprach sich die überragende Mehrheit für zwei Kinder in dem zukünftigen Familienmodell aus. Generell lässt sich hier anmerken, dass sich die gewünschte Anzahl der Kinder meist im Bereich zwischen einem und drei befand, alle anderen Anzahlen waren nur mit 1 Prozent bis 2 Prozent vertreten.

Am meisten überrascht waren wir als Gruppe, die aus sechs Mädchen besteht, von einem der letzten Erkenntnisse unseres Fragebogens: mehr als jede zehnte junge Frau ist der Meinung, dass das weibliche Geschlecht aus dem öffentlichen Berufsleben herauszuhalten wäre, und stattdessen im Haus ihre Tätigkeiten verrichten solle. In einem Zeitalter der wachsenden Emanzipation rechnete niemand von uns mit einem solch hohen Prozentsatz.

3. Offen gebliebene Fragen

Dadurch, dass wir bei den Umfragen oft nur Religionsklassen befragen konnten, wäre ein Vergleich der Antworten mit der Religionszugehörigkeit unsinnig gewesen. Es wäre interessant gewesen herauszufinden, wie die Rollenverteilung und Zukunftsplanung hinsichtlich der Familie in den verschiedenen Religionen gesehen wird.

Auch stellte sich uns die Frage nach dem Beruf und Abschluss der Eltern vor Schwierigkeiten, da hier oft keine oder nicht verwertbare Angaben gemacht wurden. Dies ist auf die Unwissenheit der Jugendlichen über das Berufsleben ihrer Eltern zurückzuführen. Hätte man hier verwertbares Material zurückbekommen, hätte man Vergleiche zwischen dem Lebenslauf der Eltern und den Vorstellungen ihres Kindes ziehen können.

Auf dieser Basis würden wir in folgenden Projekten gerne aufbauen, indem wir in Klassen mit durchmischter Religionsangehörigkeit befragen und eventuell noch andere Schulformen berücksichtigen.

Ein weiterer Aspekt, welcher uns sehr interessieren würde, wäre, Menschen zu befragen, die schon an manchen Lebenssituationen gescheitert sind. Hier würden sich Umfragen beispielsweise im Jugendgefängnis anbieten. Diese jungen Menschen könnten Zukunftspläne, -vorstellungen und -träume haben, die sich von den von uns ermittelten Ergebnissen stark unterscheiden.

Anhang

1. Fragebogen „*Forschungsfrage Familie*"

1. Wie alt bist du? .... Jahre

2. Bist du
   O männlich   O weiblich

3. Welche Schulform besuchst du?
   O Gymnasium   O Berufsschule

4. Wenn du das Gymnasium besuchst, bist du in der Klassenstufe
   O 8   O 10   O 12

5. Welcher Religion fühlst du dich zugehörig?
   O Christentum   O Judentum   O Islam   O Buddhismus
   O Sonstige   O Keiner

6. Hast du Geschwister, eventuelle Stief- und Halbgeschwister
   mitgerechnet?
   O nein   O ja, ... an der Zahl

7. Bist du gerade in einer festen Beziehung?
   O ja   O nein

8. Wie sieht deine aktuelle Familiensituation aus, bzw. wie sah sie
   aus, als du noch zu Hause gewohnt hast?
   ....

9. Sind beide Elternteile berufstätig?
   O ja, beide   O nein, nur die Mutter   O nein, nur der Vater
   O nein, keiner von beiden

10. Welchen Abschluss haben deine Eltern?
    (hier gibt es mehrere Antwortmöglichkeiten)
    O Hochschulabschluss   O Ausbildung   O Abitur
    O mittlere Reife   O Hauptschulabschluss   O keinen Abschluss

11. Welchen Beruf üben deine Eltern aus?
    Mutter: .... Vater: ....

12. Leben deine leiblichen Eltern getrennt oder zusammen?
    O zusammen   O getrennt

13. Wie würdest du deine emotionale Bindung zu deinen
    Familienmitgliedern beschreiben?

	sehr gut	gut	mittel	schlecht	sehr schlecht
Mutter	O	O	O	O	O
Vater	O	O	O	O	O
Geschwister	O	O	O	O	O

14. Insgesamt betrachtet: Bist du mit deiner Familiensituation zufrieden?
    O ja   O nein

15. Würdest du deine aktuelle Familiensituation auf deine spätere
    Familie übertragen?
    O ja   O nein   O nicht festgelegt

16. Möchtest du später heiraten?
    O ja   O nein   O nicht festgelegt

17. Möchtest du später eine Familie gründen?
    O ja   O nein   O nicht festgelegt
    Wenn ja: wie viele Kinder möchtest du haben? ....

18. Denkst du, dass man in einer endgültigen Partnerschaft leben
    kann, ohne verheiratet zu sein?
    O ja   O nein

19. Hättest du als Elternteil Probleme, in einer Patchwork-Familie zu
    leben?
    O ja, weil ....
    O nein, weil ....

20. Stimmst du dem Statement zu:
    „Verheiratete Frauen, die Kinder im Schulalter haben, sollten
    nicht arbeiten, es sei denn, es ist finanziell unbedingt notwendig"?
    O stimme zu   O stimme nicht zu

21. Stimmst du dem Statement zu:
    „Die Frau gehört in das Haus und zur Familie und das sollte auch
    so bleiben."?
    O stimme zu   O stimme nicht zu

22. Wärst du bereit, zu Hause zu bleiben, wenn du Kinder hast?
    O ja   O eher ja   O eher nein   O nein

23. Wenn ja oder eher ja – wie lange willst du zu Hause bleiben?
    O so kurz wie möglich
    O ungefähr ein Jahr
    O bis mein Kind in den Kindergarten kommt
    O bis mein Kind in die Schule kommt
    O wenn möglich: Endgültiger Berufsausstieg

    Wenn nein oder eher nein – erwartest du von deinem Partner /
    deiner Partnerin, dass er / sie Urlaub für das Kind nimmt?
    O ja   O eher ja   O eher nein   O nein

24. Wenn du dich zwischen den Extremen Familie und Karriere
    entscheiden müsstest, was würdest du wählen?
    O Familie   O Karriere

Vielen Dank für deine Unterstützung, deine Angaben werden natürlich
streng vertraulich von uns behandelt!

2. Abbildungen

2.1 Abbildung 1: Zufriedenheit Familiensituation (altersspezifisch)

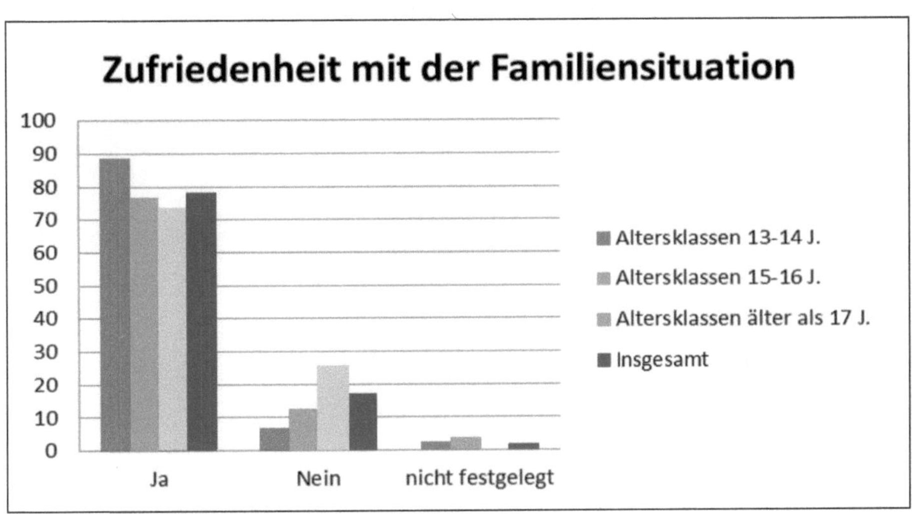

2.2 Abbildung 2: Zufriedenheit Familiensituation (geschlechtsspezifisch)

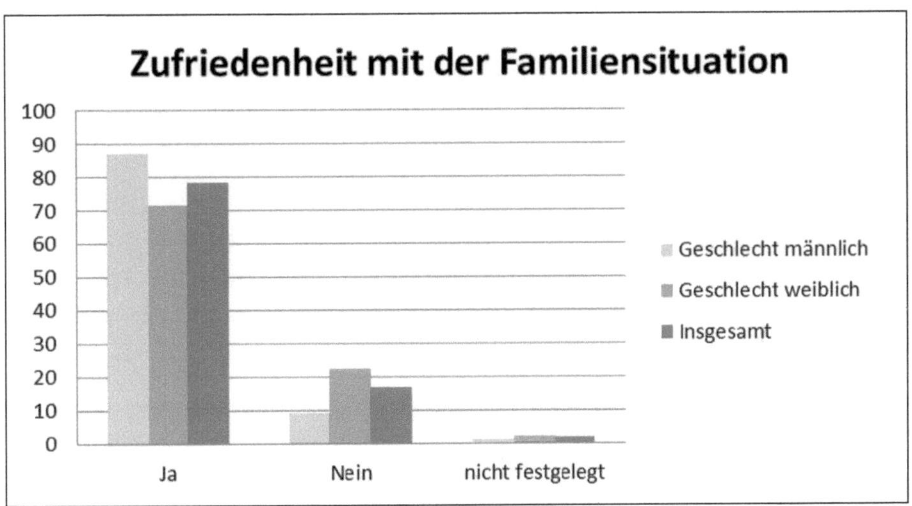

2.3 Abbildung 3: Übertragung auf die eigene Familie
(geschlechtsspezifisch)

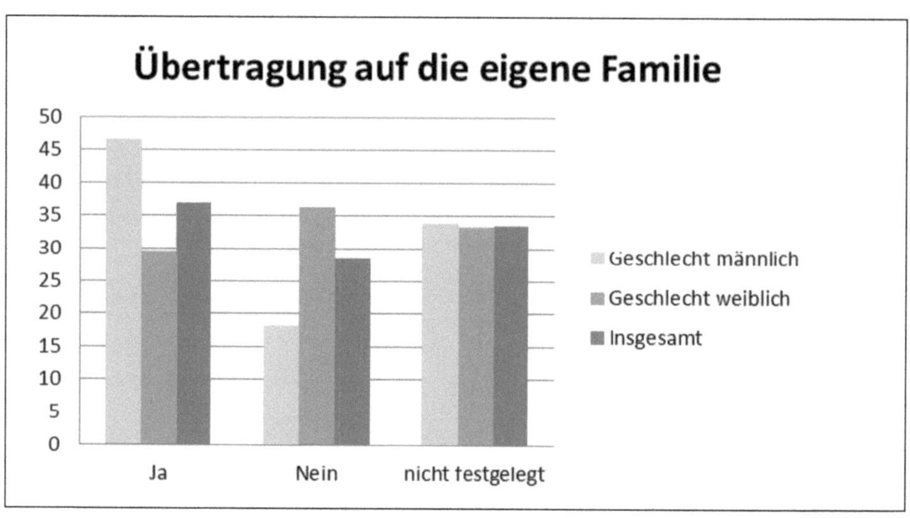

2.4 Abbildung 4: Übertragung auf die eigene Familie
(altersspezifisch)

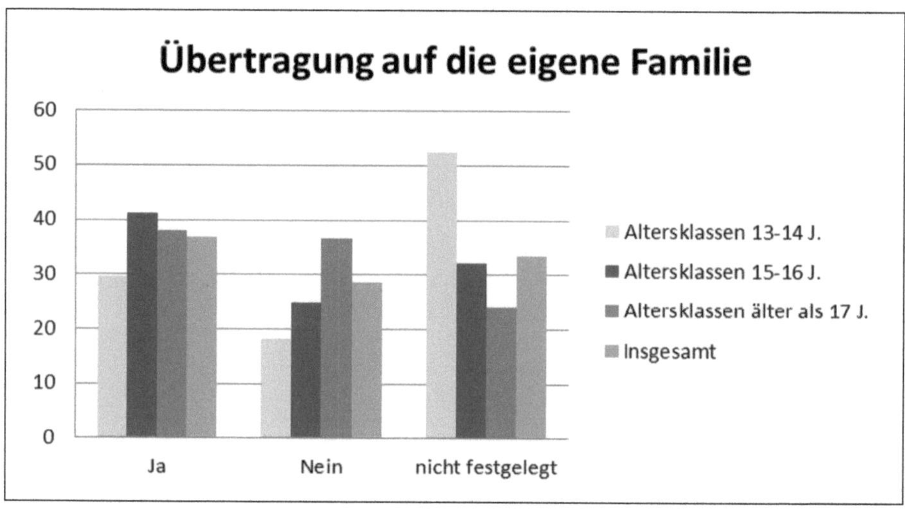

2.5 Abbildung 5: Heiratsabsichten (altersspezifisch)

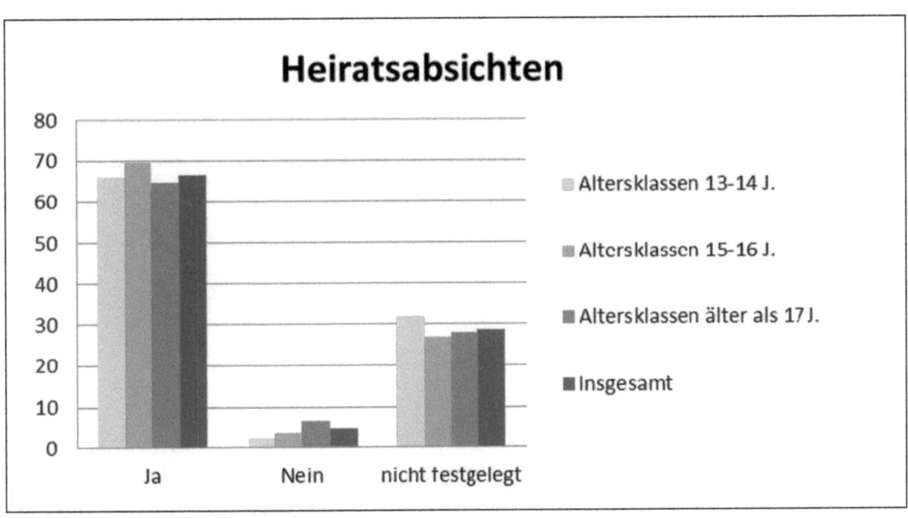

2.6 Abbildung 6: uneheliche Partnerschaft (altersspezifisch)

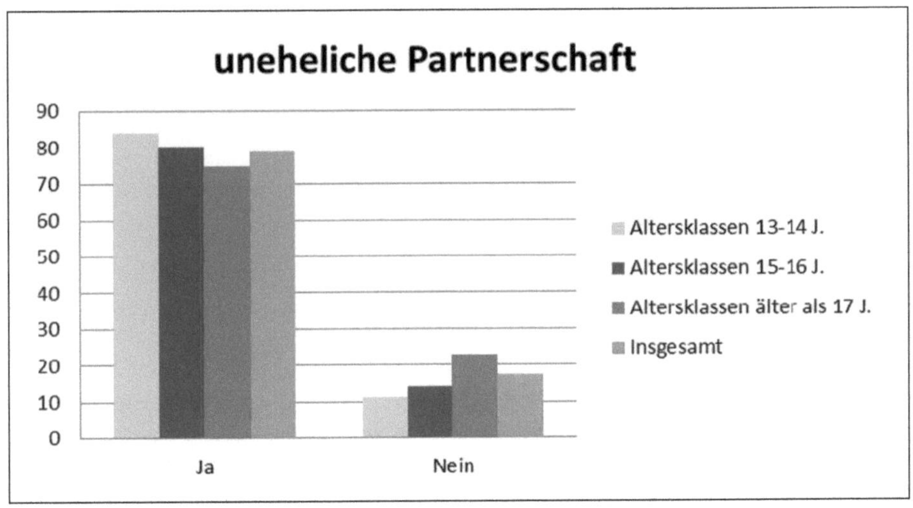

2.7 Abbildung 7: Absicht Familiengründung (altersspezifisch)

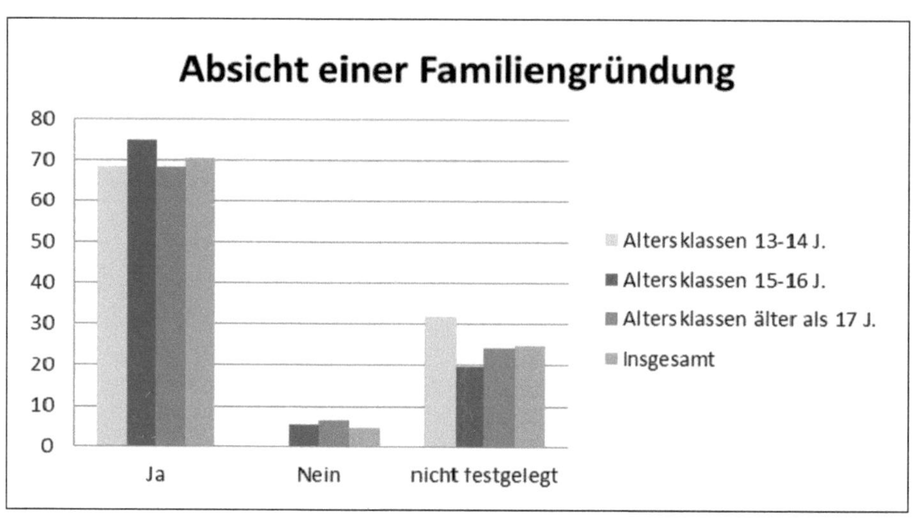

2.8 Abbildung 8: Gewünschte Kinderanzahl (altersspezifisch)

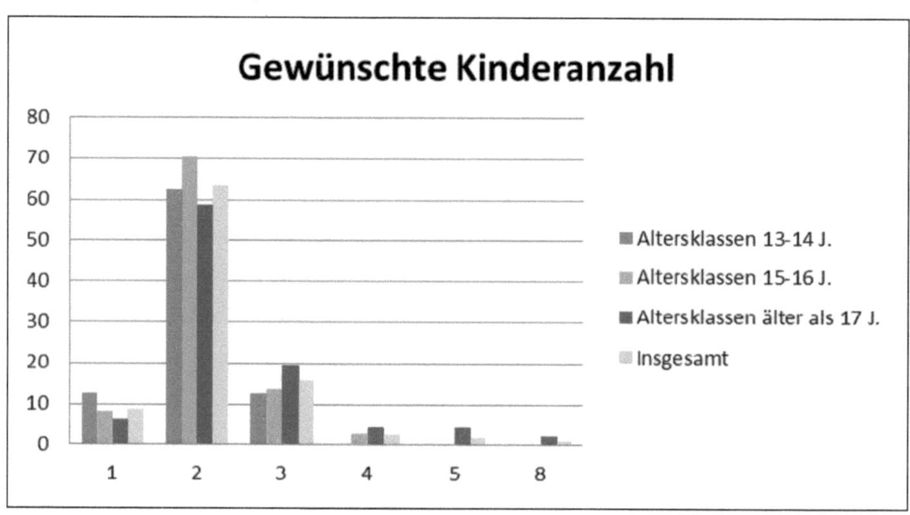

2.9 Abbildung 9: Entscheidung Familie/Karriere (geschlechtsspezifisch)

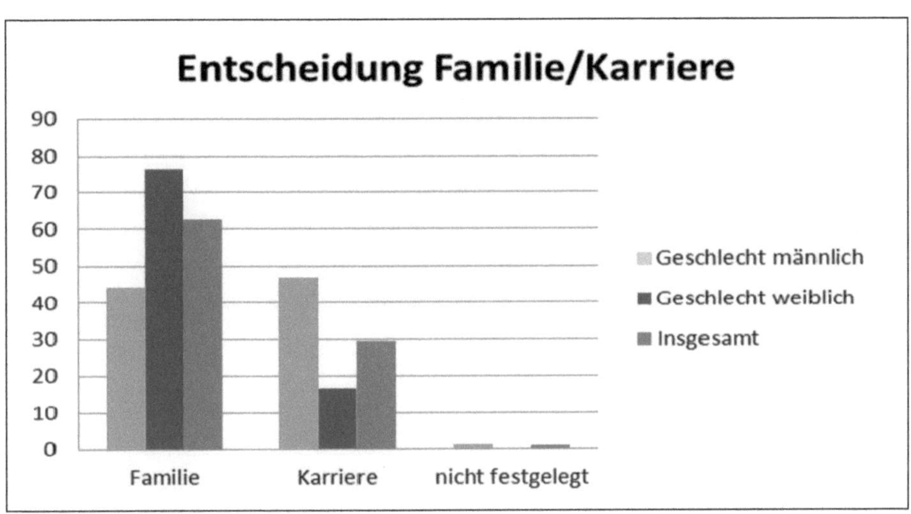

2.10 Abbildung 10: Bereitschaft, zu Hause zu bleiben (geschlechtsspezifisch)

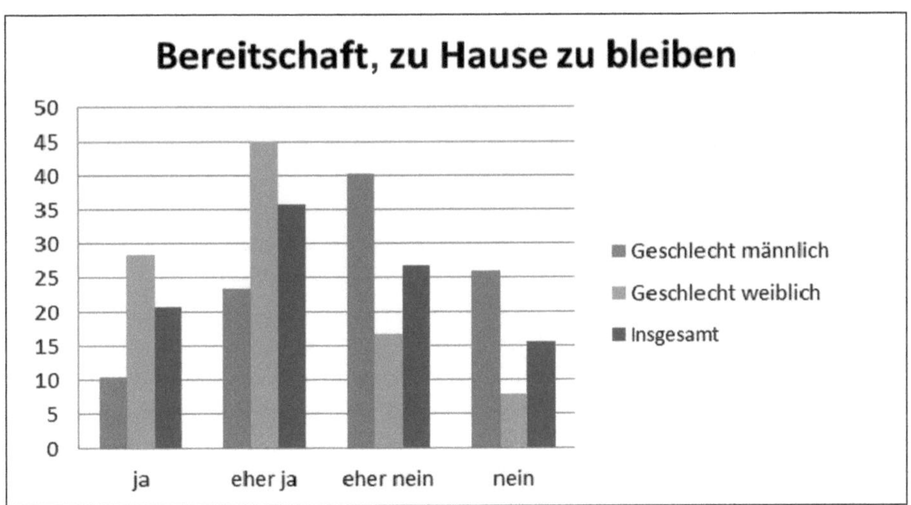

2.11 Abbildung 11: Mütter mit Kinder im Schulalter sollten nicht arbeiten (geschlechtsspezifisch)

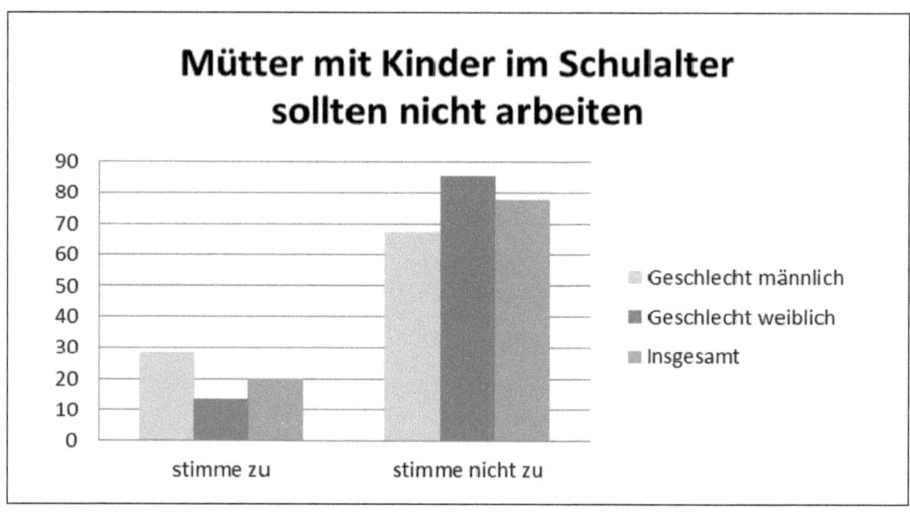

2.12 Abbildung 12: Die Frau gehört zu Haus und Familie (geschlechtsspezifisch)

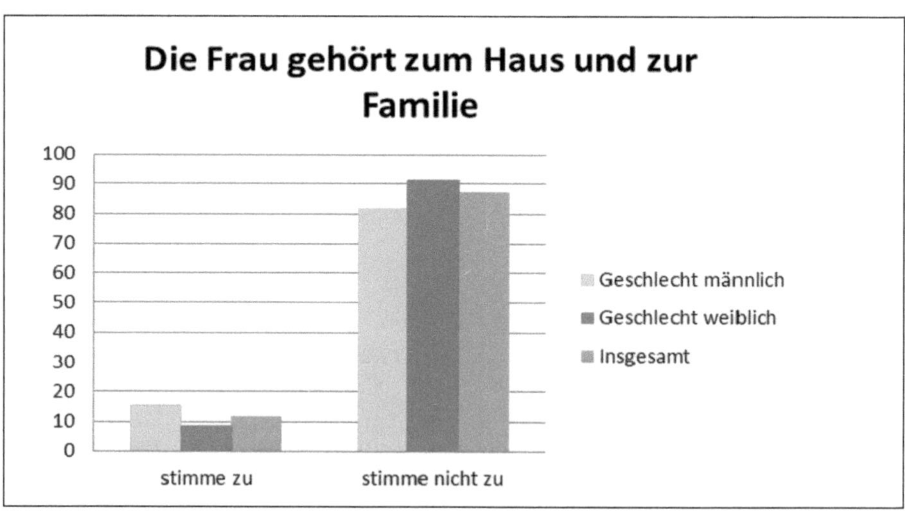

Konservative Mädchen?
Gespräch zwischen *Forschungsgruppe Familie* und der Jury

Thomas Gautschi: *Ich war sehr erstaunt über dieses sehr traditionelle Familienbild, vielleicht könnte man es auch konservativ nennen. Empirische Sozialforschung hat ja auch immer etwas damit zu tun, aktuelle Ergebnisse und Daten mit Studien anderer Personen oder aus einer anderen Zeit zu vergleichen – so eine Art historischer Ansatz – und ich habe bei Ihnen so ein bisschen vermisst, dass sie auf die Suche gegangen sind und sich die Frage gestellt haben: „Gibt es andere Daten dazu? Gibt es überhaupt Daten? Wie war es vor 10 Jahren? Wie war es vor 20 Jahren? Wie war es vielleicht vor 30 Jahren?" Haben Sie sich diese Frage mal gestellt, ob die heutige Jugend vielleicht anders denkt oder genau gleich denkt bezüglich ihrer Fragestellung – wie ich das damals gemacht habe, der ich in den 70er Jahren groß geworden bin und nicht dreißig oder mehr Jahre später?*

Julka Halder: Ja, das haben wir tatsächlich. Wir wollten auch zusätzlich noch in die Fußgängerzone gehen und Erwachsene befragen, wie sie es gemacht haben, wie sie es gemacht hätten oder was sie gerne anders gemacht hätten und wie sie es sich so vorgestellt hätten; wir mussten diese Idee nur aufgrund der fehlenden Zeit und den anderen auftretenden Komplikationen aufgeben. Wir hätten das allerdings tatsächlich weiter untersucht.

Karin Heyl: *Es wurde ja deutlich bei der Präsentation, dass ihr selbst vom Ergebnis überrascht wart. Besonders über das Ergebnis des Frauenbildes: dass es so konservativ ist. Was ist eure Erklärung dafür?*

Julka Halder: Ich glaube, dass das traditionelle Familienbild weiterhin sehr viel Sicherheit bietet und klare Linien und Regeln vorgibt und man noch nicht so sehr selbstständig neue Wege und Pfade beschreiten muss, die vorher vielleicht noch keine Generation so beschritten hat. Dass sich viele einfach nach der Sicherheit sehnen, die das traditionelle Familienbild mit sich bringt.

Karin Heyl: *Habt ihr in dem Fragebogen auch nachgefragt, in welcher Familiensituation die Befragten leben?*

Julka Halder: Ja, das haben wir in Form einer offenen Frage. Allerdings haben wir das bei der Auswertung teils nicht gut verwerten können, weil im Rahmen dieser offenen Frage die einen Antworten sehr ausführlich waren, während die anderen einfach nur ein „gut" oder ein „schlecht" bekommen haben. Die Befragten waren in diesem Falle – verständlicherweise – nicht so bereit, über ihre persönliche Familiensituation Auskunft zu geben.

Jörg Ueltzhöffer: *Habt ihr eine Idee, warum im Unterschied zu den Mädchen die Jungen ihre gegenwärtige Familiensituation nicht so gerne auf ihre eigene Zukunft übertragen möchten? Das könnt ihr wahrscheinlich gut interpretieren.*

Kim Steiner: Ich kenne das ja von mir zu Hause: man mag die Mama ja und es ist alles gut, aber dann will man unbedingt anders sein und unbedingt einen anderen Beruf ergreifen und nie so werden wie die Mama, nie. Ich denke, Jungs sind da halt anders und denken eher: „Ja, dann gehe ich halt mal Fußballspielen und geh´ dann mal raus und bin dann weg, lass mich in Ruhe und in zwei Stunden ist dann alles wieder gut." Ich kenne das auch von meinen Kumpels, da beruhigen sich die Eltern wieder und bei Mädchen schaukelt sich das eher hoch und dann fliegen die Fetzen. Ich denke, dass es daran liegt: dass Mädchen oftmals emotionaler reagieren als Jungs, wenn sie auf den Beruf angesprochen werden von ihren Eltern.

Jörg Ueltzhöffer: *Nachfrage: Demnach ist es immer noch denkbar, dass Mädchen innerhalb der Familie immer noch etwas benachteiligt werden, wenn es um die Hausarbeit geht etc., dass die Mütter, wir haben es angesprochen, mit den Jungs nachsichtiger sind und die Mädchen den Eindruck haben, so wie's ist, ist's nicht gut.*

Julka Halder: Von mir persönlich kann ich das jetzt nicht sagen. Ich habe das Gefühl, dass meine Brüder genauso oft herangezogen werden wie ich.

Allerdings kann ich mir durchaus vorstellen, dass das noch oft der Fall ist. Ich kann mir vorstellen, dass viele Mädchen sehen, dass ihre Mütter vielleicht gar nicht so glücklich sind mit ihrer aktuellen Familienkarriere und Lebensbalance und dementsprechend denken, sie müssten das anders machen oder auf jeden Fall wissen, dass sie es anders machen wollen.

Elif Özmen: *Ich würde euch gerne noch eine etwas allgemeinere Frage stellen. Die Philosophie beschäftigt sich mit der Frage nach dem Glück, der Zufriedenheit und dem guten Leben ja schon ziemlich lange – ungefähr 2500 Jahre. Es gibt eine große Bandbreite von Antworten, aber in keiner dieser Antworten kommen Karriere oder Familie vor. Was Philosophen vorschlagen als gute Lebensführung hat eher etwas zu tun mit Moral, mit gesellschaftlicher Verantwortung, also mit Werten, die über den persönlichen und familiären Horizont hinausgehen. Ich würde deswegen gerne wissen, wie ihr eure Ergebnisse nun vor dem Hintergrund dieses Nachdenkens über das Glücklichsein einordnet?*

Julka Halder: Ich glaube schon, dass es nach wie vor wichtig ist, seine Familie richtig zu erziehen, Moral zu vermitteln, indem man gewisse Werte vermittelt und man für die Familie da ist. Die Frage nach dem guten Leben wird dann genauso im Großen erfüllt, indem man der Gesellschaft weitere wertvolle Mitglieder beisteuert.

Richard Hartmann: *Ich habe es so verstanden, dass ihr die Frage sehr stark zugespitzt habt: Familie oder Karriere. Wie ist es dazu gekommen, dass ihr keine Grautöne zugelassen habt?*

Hannah Tornow: Das Problem ist das, dass man die 100 Prozent an Kraft, die man geben kann, nicht für beide Sachen aufwenden kann. Man kann keine 200 Prozent geben – das hält man auf Dauer nicht durch. Wenn man versucht, einen Kompromiss zu finden, dann geht automatisch von dem anderen Teil ein Teil weg. Ich glaube nicht, dass es möglich ist, das in 50 zu 50 aufzuteilen, sondern dass man einen Schwerpunkt setzen muss. Wenn ich ein Kind in die Welt setze und eine

Familie gründe, möchte ich dann, dass mein Partner den größten Part in der Familie übernimmt und ich mich auf die Karriere konzentrieren kann und wenn man sich für die Karriere entscheidet oder sagt man: gut, ich will jetzt für mein Kind da sein, dann entscheidet man sich eben primär für die Familie. Dieses allgemeine Problem haben wir jetzt etwas verschärft ausgedrückt, damit man wirklich darüber nachdenkt. Man soll sich nicht in irgendwelche Überlegungen verstricken sondern man soll sagen, wenn man sich einmal entscheiden müsste, das oder das.

Alexandra Müller: *Mich würde noch interessieren: Ihr habt wahrscheinlich auch viel diskutiert, während ihr all das getan habt: gibt es bei euch ein „Vorher/Nachher"? Hat sich bei euch irgendwas verändert in eurer Idee von Familie oder Karriere?*

Kim Steiner: An der Idee hat sich jetzt speziell nichts verändert. Unsere Pläne sind ja auch schon relativ weit gediehen. Aber generell kann man sagen, und da denke ich, kann ich für alle sprechen: wir haben es am Anfang relativ schleifen lassen und am Ende ganz viel machen müssen und auch das ist für die Karriere wichtig. Das konnten wir mitnehmen, vielen Dank dafür.

Im Spannungsfeld zwischen Wunsch und Wirklichkeit

Team *„Lamworschdikan"*
Johannes Barth, Melissa Depping, Jasmin Luckscheiter,
Lilly Osburg, Philipp Rentschler
(Jahrgangsstufe 12, Geschwister-Scholl-Gymnasium, Ludwigshafen)

1. Einleitung

Das Thema des Projektes „Die Frage nach dem guten Lebenslauf" erreichte uns gerade im rechten Moment, denn wir hatten uns schon zuvor mit einer ähnlichen Frage beschäftigt. Im Zusammenhang mit einem Tag der offenen Tür in unserer Schule stellten wir unseren Sozialkundeleistungskurs vor und befragten bei dieser Gelegenheit die Besucher bezüglich ihres politischen Engagements, ihren Werten, Plänen für die Zukunft sowie zu ihren Ängsten. Die Gruppe der Befragten war natürlich sehr heterogen. Sie bestand aus 10-Jährigen, Schülern verschiedener Altersstufen, Eltern und Großeltern. Bei der Auswertung kamen wir zu interessanten Ergebnissen, die wir in Diagrammen ausgewertet und bearbeitet haben. Aufgrund dieser Erfahrung hatten wir große Lust, am Wettbewerb des Ernst-Bloch-Zentrums teilzunehmen. Vor allem interessierten uns die angebotenen Workshops, zum Beispiel zur empirischen Sozialforschung, da wir uns vorher noch nicht speziell mit diesem Thema auseinandergesetzt hatten. Auch das Hintergrundwissen über die Vorgehensweise bei einer Bewerbung und das Verhalten in einem Bewerbungsgespräch könnte uns von großem Nutzen sein, da sich jeder von uns irgendwann in dieser Situation befindet. Die Erfahrung, die wir nun sammeln konnten, dient uns als kleiner Vorteil, da wir nun vorbereitet und gewappnet sind.

Die Auseinandersetzung mit der Zukunft ist auf alle Fälle interessant, denn es geht darum, sich seiner Wünsche klarzuwerden, um ihnen nachgehen zu können. Von Bedeutung ist in diesem Zusammenhang auch, ob für uns Familie, Karriere, Geld, Selbstverwirklichung oder vielleicht soziales oder ökologisches Engagement an oberster Stelle stehen. Selbstverständlich können sich diese Prioritäten über die Jahre hinweg auch verschieben. Die Diskussion darüber war auch in unserer Gruppe interessant. In der Auseinandersetzung mit dem Thema ist nicht ein geradliniger Lebenslauf erwünscht, sondern es können Alternativen erstellt werden. Häufig verfolgen Jugendliche einen Berufswunsch, der dann nicht realisiert werden kann, weil sie nicht den adäquaten Ausbildungs- oder Studienplatz bekommen und dann fehlt ein Plan B. Gerade das Fehlen eines solchen alternativen Plans kann zu Frustration und Demotivation führen. Durch einen Tunnelblick kommen andere Möglichkeiten gar nicht erst auf.

Während der Schulzeit kann es äußerst motivierend sein, einem Berufswunsch nachzugehen, weil die Bereitschaft zu lernen und sich anzustrengen dadurch erhöht werden kann. Selbst wenn sich die ursprüngliche Idee im Laufe der Zeit wandelt, gibt es einen positiven Effekt und je besser die schulischen Leistungen ausfallen, umso mehr Möglichkeiten gibt es bei der Suche nach einem Ausbildungs- oder Studienplatz. In der Schule kommt die Frage nach der Zukunft und unseren Vorstellungen häufig zu kurz. Selbst die Frage nach der Relevanz eines Unterrichtsthemas wird von einigen Lehrern nur ausweichend beantwortet, obwohl es doch wichtig zu wissen ist, warum man etwas lernt oder sich damit auseinandersetzt. Innerhalb der Bildungsdebatte sollte diese Frage immer Berücksichtigung finden. Selbstverständlich sind die Interessen und Motivationen für ein Thema sehr unterschiedlich. Häufig kann im Vorfeld natürlich nicht genau gesagt werden, was ein Jugendlicher im Laufe seines weiteren Lebens wissen muss. Auf jeden Fall sind die heutigen und zukünftigen Lebensläufe viel verwinkelter und weniger geradlinig als in früheren Generationen. Lebenslanges Lernen ist ein ganz großes Thema und kaum einer von uns wird sich dem entziehen können.

Im Verlauf unserer Planung und Durchführung der Umfrage führten wir interessante Diskussionen und kamen im Nachhinein zu weiterführenden Fragestellungen, die jeden von uns anregten und bewegten. Einige von uns besprachen das Thema Zukunft auch mit ihren Eltern oder Freunden.

2. Design und Ergebnisse der Umfrage

Nun aber zur Darstellung und Auswertung unserer Umfrage:
Um unsere Forschung auszuwerten, haben wir uns der quantitativen Untersuchungsmethode bedient und ließen uns neun Wochen Zeit dafür. In unserer Befragung wurden 110 Fragebögen ausgeteilt, von denen aber nur 89 zu verwerten waren. Die Differenz begründet sich durch Unvollständigkeiten des Fragebogens und Verständnisprobleme der Teilnehmer. Die ausgewerteten Fragebögen beinhalteten 39 männliche und 50 weibliche Befragte. Die Überzahl von Teilnehmerinnen ist durch den Besuch der Berufsschule zu begründen, da Pflege- und Hauswirtschaftsberufe überwiegend von Frauen ausgeübt werden. In unserem Fall nahmen vier männliche Befragte teil. Auch am Gymnasium überwiegt das weibliche Geschlecht. Diese These ist auch durch etliche Statistiken zu diesem Thema gestützt, da mehr junge Frauen das Abitur anstreben als ihre männlichen Kollegen. In der Realschule plus hingegen hielt sich die Anzahl von Mädchen und Jungen die Waage. Für uns war es überraschend, wie verschieden das Geschlechterverhältnis an den unterschiedlichen Schulformen ist. Unsere Teilnehmerzahl setzt sich daher aus 53 Schülern des Gymnasiums zusammen. Diese Anzahl unterteilt sich in 19 Neuntklässler und 34 Zwölftklässler. Außerdem nahmen 20 Schüler der Realschule plus sowie 16 aus der berufsbildenden Schule teil. Ein wichtiger Part unserer Umfrage bestand aus der Frage, was unsere Probanden nach ihrem bevorstehenden Schulabschluss anstreben. Als weiterer Bildungsweg standen sowohl Studium als auch eine Ausbildung zur Wahl. Im Allgemeinen kann man über die Gymnasiasten aussagen, dass sowohl die Neunt- als auch Zwölftklässler ein Studium anstreben. Lediglich drei Schülerinnen der zwölften Jahrgangsstufe ziehen eine Ausbildung in Betracht. Die restlichen fünf Schüler gaben zu diesem

Zeitpunkt noch keine genaue Antwort auf diese Frage. Dies überraschte uns ein wenig, gingen wir zuvor noch von einer Mehrzahl derjenigen aus, die nicht wissen, was sie nach dem Abitur machen wollen. Bei den Realschülern steht klar die Ausbildung im Vordergrund, diese Anzahl setzt sich aus zehn Schülern zusammen. Diese Aussage lässt sich durch den frühzeitigen Schulabschluss nach der zehnten Klasse begründen, da sich die Schüler schon rechtzeitig um ihren beruflichen Werdegang kümmern müssen. Fünf wollen nach einer weiteren Qualifikation (Ausbildung/Abitur) ein Studium in Anspruch nehmen. Hierbei fällt auf, dass im Unterschied zum Gymnasium lediglich ein Mädchen diesen Bildungsweg einschlagen möchte. Weitere fünf Schüler (drei Mädchen/ zwei Jungen) waren sich über den kommenden Bildungsverlauf nicht im Klaren. Wie schon an der Realschule zu sehen war, streben auch die Berufsschüler eine Ausbildung an (sieben Personen). Eine Ausnahme machte diesmal ein Mädchen, für die ein Studium eine Option wäre, sie ist sich aber noch unklar darüber, welchen Studienweg sie bevorzugen wird. Weitere vier Mitschülerinnen möchten sich einen Arbeitsplatz in ihrem schulischen Berufsfeld suchen. Wie schon zuvor genannt, handelt es sich bei Pflege- und Hauswirtschaftsberufen eher um typische Frauenberufe. Diese These wird durch die Auswertung unseres Fragebogens bestätigt. Erschreckend ist, dass immerhin vier Probanden – trotz ihrer so praxisnahen Qualifikation – noch unschlüssig über ihre berufliche Perspektive sind.

Unseren Teilnehmern, die sich für ein Studium interessierten, standen drei Wahlmöglichkeiten zur Auswahl. Neben der klassischen Universität und einer Fachhochschule stand auch ein duales Studium zur Wahl. Bei den Gymnasiasten ist abzusehen, dass in beiden Klassenstufen die Universität an erster Stelle steht (9. Jahrgangsstufe: neun Schüler/ 12. Jahrgangsstufe: 16 Schüler). Man kann daraus schließen, dass sie nach einer 12- beziehungsweise 13-jährigen Schullaufbahn eine bestmögliche Weiterqualifikation anstreben möchten. Immerhin acht Zwölftklässler und drei Neuntklässler könnten sich eine duale Ausbildung mit schulischem Teil vorstellen. Lediglich zwei Schüler aus der zwölften

Jahrgangsstufe würden eine Fachhochschule besuchen. Diese Option kann sich aber kein Gymnasiast aus den unteren Klassenstufen vorstellen. In der Gesamtheit aller Befragten des Gymnasiums haben 22 Prozent die Absicht zu studieren, sind sich jedoch nicht über die angebotenen Möglichkeiten im Klaren und sind daher noch unsicher, was ihre Zukunft in Sachen Studium betrifft. Die fünf Realschüler, die nach einer weiteren Qualifikation ein Studium in Anspruch nehmen möchten, verteilen sich gleichmäßig auf die drei zur Auswahl stehenden Antwortmöglichkeiten. Zudem wollte nur ein Proband eine Universität besuchen, was im Gegensatz zum Gymnasium steht, da dort die Mehrheit einen akademischen Abschluss präferiert. Jeweils zwei Teilnehmer möchten nach ihrem Abschluss auf eine Fachhochschule wechseln beziehungsweise ein duales Studium aufnehmen.

Den Befragten, die sich für eine Ausbildung entschieden haben, standen eine schulische wie auch eine betriebliche Ausbildung zur Auswahl. Wie bereits erwähnt, bot eine Ausbildung keine Alternative für Schüler der 9. Klassenstufe des Gymnasiums, zudem war sie nur für drei Schüler der 12. Stufe eine Option. Hierbei war das Ergebnis jedoch ausgeglichen, da jeweils eine Schülerin eine schulische und eine weitere betriebliche Ausbildung in Erwägung zog. Der dritte Proband konnte sich zwar eine Ausbildung vorstellen, hatte aber noch keine genaue Vorstellung von der Umsetzung dieses Zukunftsplans. Die Realschüler tendierten entweder zu einer im Betrieb durchgeführten Ausbildung (vier Personen) oder waren sich noch nicht sicher (vier Personen), wie sie ihren Plan in die Tat umsetzen wollen. Gerade einmal zwei Jugendliche konnten sich eine schulische Ausbildung vorstellen. Der Ergebniswert der Berufsschule ist identisch, da sich auch hier vier Befragte für eine Ausbildung im Betrieb und zwei Befragte für eine schulische Ausbildung entschieden haben. Wiederum ein Befragter konnte sich noch nicht entscheiden und ließ die Frage offen.

Zusammenfassend kann mal also sagen, dass sich sowohl Realschüler als auch Schüler der berufsbildenden Schule hauptsächlich für eine Berufsausbildung entscheiden. Sie stehen somit der Entscheidung der

Gymnasiasten gegenüber, die sich eher eine akademische Ausbildung für ihre Zukunft wünschen.

Da sich unsere Forschungsfrage mit dem Thema Berufswunsch auseinandersetzt, war es selbstverständlich für uns, eine solche Frage mit in unseren Fragebogen aufzunehmen. Die Probanden konnten zwischen einer „Ja" und „Nein" Fragestellung auswählen; bei Unschlüssigkeit stand auch noch eine weitere Antwortmöglichkeit bereit. Insgesamt kann man erkennen, dass etwa 51 Prozent der befragten Schüler aus den verschiedenen Jahrgangsstufen des Gymnasiums einen konkreten Berufswunsch äußern können. Wenn man jedoch die einzelnen Klassenstufen betrachtet, sticht hervor, dass eher die breite Masse der 12. Klasse sich intensiver mit einem möglichen Beruf befasst hat. Das liegt daran, dass ihnen nur noch weniger als ein Jahr zu dieser Entscheidung bleibt. Die Neuntklässler hingegen haben noch mehr Zeit, um sich solche ernsten Gedanken zu machen. Damit lässt sich auch erklären, warum die knappe Mehrheit sich für „Nein, mein Berufswunsch ist noch nicht klar" entscheidet.

Die absoluten Zahlen bei der Jahrgangsstufe 9 weisen sieben Personen auf, welche schon genau wissen, was sie später einmal werden wollen. Neun Schüler sind sich, wie schon zuvor gesagt, noch nicht sicher und einer Minderheit von drei Personen ist der Berufswunsch egal. Sie lassen die Entscheidung weiter auf sich zu kommen. Die Mehrheit der Zwölftklässler weiß schon, was sie einmal werden möchte (20 Schüler). Zwölf können diese Frage nur mit einem „Nein" beantworten und zwei Befragten ist es noch egal. In der Realschule wandelt sich das Bild, da hier 55 Prozent der Befragten keinen genauen Berufswunsch äußern können. Es ist schade zu sehen, dass schon so junge Schüler (im Durchschnitt vierzehn Jahre alt) mit der Last leben müssen, schon bald in die Berufswelt entlassen zu werden. Die Abiturienten sind ihnen um knapp vier Jahre überlegen und damit ein Stück weit reifer und selbstreflektierter als die Neuntklässler der Realschule.

Grafik zur Frage, ob man bereits einen konkreten Berufswunsch hat.
Befragt wurden Neuntklässler der Realschule Neuntklässler des
Gymnasiums, Berufsschüler und die Zwölftklässler des Gymnasiums.

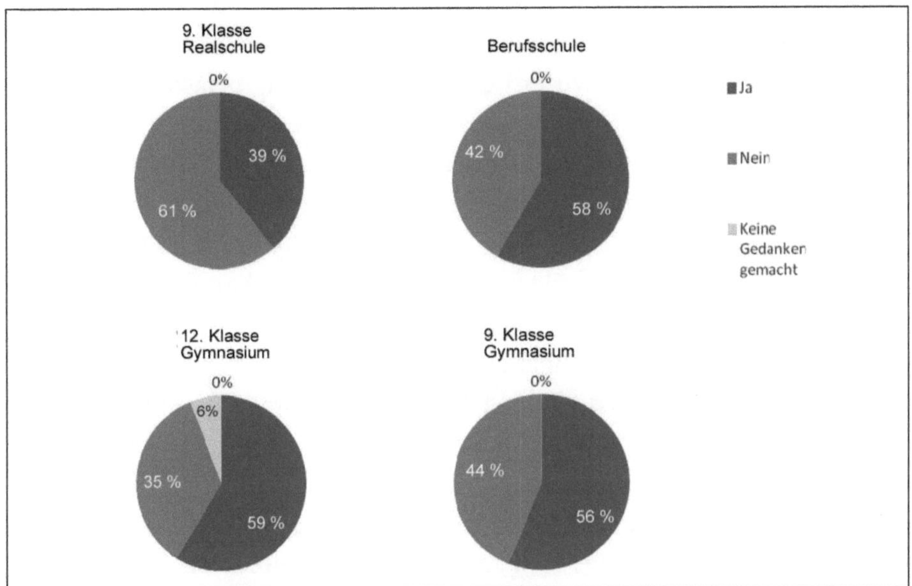

Wir finden es erschreckend, dass man Kinder in diesem Alter schon vor
die Aufgabe stellt, ihre berufliche Zukunft zu planen und in die Tat
umzusetzen. Es ist noch viel zu früh, um eine ernsthafte Entscheidung
über sein Leben treffen zu müssen. Daher war es auch abzusehen, dass
die Realschüler nicht so entscheidungsfreudig reagierten. Nur sieben
Schüler wussten, welchen beruflichen Weg sie später einmal einschlagen
wollten. Dies steht im Gegensatz zu der Perspektive der Berufsschüler.
Hier wussten schon ca. 43 Prozent, welche berufliche Karriere sie
einschlagen wollten. Das lässt sich durch ihre praxisorientierte
Schulausbildung erklären. Sie liegen zwischen dem Alter der
Gymnasiasten und der Realschüler und können damit schon reflektierter
eine Aussage treffen, da sie sich ja schon für eine berufsorientierte
Schullaufbahn entschieden haben. Dennoch sind sich auch hier noch ca.
31 Prozent der Befragten unsicher und 25 Prozent ist ihr späterer Beruf

egal. Wir können eine solche Ansicht nicht unterstützen und fragen uns deshalb, woran diese Unschlüssigkeit liegen könnte. Wir können nur Vermutungen aufstellen um diese Frage zu klären. Vielleicht erhielten die Berufsschüler keine zufriedenstellende Unterstützung oder Informationsmaterialien. Da die Weiterführung dieser These unseren Rahmen sprengen würde, müssen wir es bei einer Vermutung belassen.

Um den von der Gesellschaft ausgeübten Druck, der auf den Schülern lastet, zu erfahren, stellten wir ihnen die Frage, ob sie Angst vor dem Scheitern haben. Zusammenfassend lässt sich erkennen, dass sich alle Schulformen in dieser Frage einig waren. Das Maximum betrug knapp über 40 Prozent der Schüler, die sich für die Antwortmöglichkeit „manchmal" entschieden haben. Auffällig war jedoch, dass in der neunten Jahrgangstufe 33 Prozent angaben, dass sie häufig bis immer Angst vor dem Scheitern haben. Lediglich 11 Prozent geben an, selten bis nie Angst vor dem Scheitern zu haben. Dies widerspricht unserer Erwartung, da wir dachten, dass sich eher die Schüler, die sich kurz vor ihrem Abitur befinden, unter Druck setzten. Doch so scheint es nicht zu sein, da hier 47 Prozent der Schüler die Antwortmöglichkeit „selten" bis „nie" genutzt haben. Immerhin nur 17 Prozent gaben an, häufig bis immer Angst vor dem Scheitern zu haben. Dieses Bild lässt sich auch auf die Realschüler übertragen, denn auch hier gab die Mehrheit an, sich wenig Sorgen um das Scheitern zu machen. Nur vier der insgesamt 20 befragten Realschüler gaben an, sich um das Scheitern zu sorgen. Das Ergebnis bei den Schülern der berufsbildenden Schule gleicht sich aus, denn neben dem breiten Mittelfeld geben jeweils vier Schüler an, Angst beziehungsweise keine Angst vor dem Scheitern zu haben.

Im weiteren Verlauf des Fragebogens hat uns die Frage interessiert, ob sich Schüler in ihrem Hobby beruflich weiterbilden möchten. Die Anzahl beträgt bei der neunten Klasse des Gymnasiums jeweils neun Personen (9 „ja"/9 „nein"), es hält sich also die Waage. Anders ist dies bei ihren älteren Mitschülern. Hier gibt die klare Mehrheit von 20 Schülern an, sich entgegengesetzt zu ihrem Hobby beruflich entwickeln zu wollen. Man kann dieses Phänomen anhand der Feststellung ausmachen, dass der Durchschnitt der Abiturienten ein Studium anstrebt, denn auf Sport bezogene Studiengänge machen nur einen kleinen Teil des Studienangebots aus. Diese Aussage lässt sich auch auf die gegebenen Antworten der Realschüler beziehen. Die absoluten Zahlen bestehen aus 13 Schülern, die sich anderweitig orientieren möchten und sieben Schülern, die gerne ihr Hobby als Beruf ausüben würden. Anders ist dies hingegen auf der berufsbildenden Schule, hier möchten neun von 15 Schülern ihr Hobby zum Beruf machen. Die Aussage kann man anhand der Tatsache festmachen, dass sich die Schüler, die sich für den Hauswirtschaftsbereich entschieden haben, zum Beispiel auch für das Kochen interessieren. Sie sind mit der Anmeldung an einer solchen Schulform, schon einen Schritt näher in Richtung Traumberuf gerückt.

Grafik zur Frage, mit welcher Eigenschaft man sich am ehesten beschreiben würde
Befragt wurden Neuntklässler der Realschule, Neuntklässler des Gymnasiums, Berufsschüler und die Zwölftklässler des Gymnasiums.

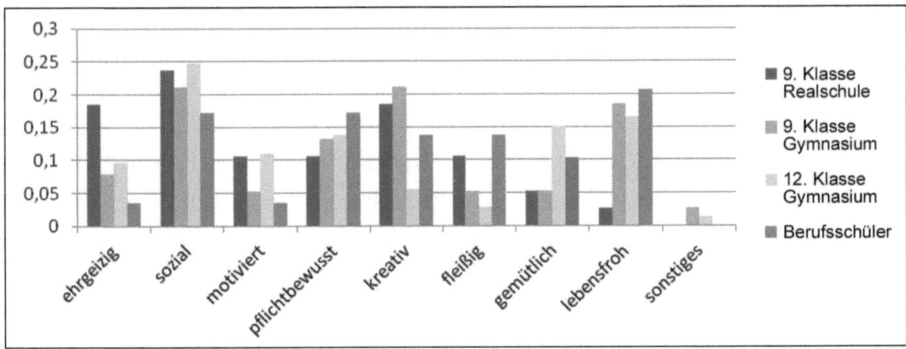

Um noch ein wenig mehr über die Charakterzüge unserer befragten Teilnehmer zu erfahren, haben wir sie darum gebeten, sich aus den folgenden Eigenschaften zwei herauszusuchen, mit denen sie sich ihrer Meinung nach am besten identifizieren können. Zur Auswahl standen die Adjektive: ehrgeizig, sozial, motiviert, pflichtbewusst, kreativ, fleißig, gemütlich, lebensfroh und eine Möglichkeit, um eine Eigenschaft, die einen besser beschreibt, zu ergänzen. An oberster Stelle stand bei allen drei Schulformen klar die soziale Ader der Teilnehmer. In jedem Fall erreicht das soziale Engagement das Maximum aller Eigenschaften. Auf den folgenden Plätzen unterscheiden sich die Schulformen stark voneinander. Ähnlichkeiten bestehen zwischen der 12. Jahrgangsstufe des Gymnasiums und der berufsbildenden Schule, da bei beiden der Charakterzug, lebensfroh zu sein, den zweiten Platz belegt. Dies hat uns sehr gefreut zu sehen, da sowohl die Zwölftklässler als auch die Schüler der berufsbildenden Schule, die kurz vor ihrem Abschluss stehen, noch mit Freude durch das Leben schreiten können. Sie haben es anscheinend geschafft, einen Ausgleich zu dem Stress und dem Druck in der Schule zu finden, um sich in ihrem Privatleben zu amüsieren. Zudem sind beide Schulklassen in einem gewissen Alter, in dem man sich auch gerne außerhalb der Schulzeit trifft und etwas zusammen unternimmt. Als dritthäufigste Eigenschaft wurde von den Zwölftklässlern „Gemütlichkeit" genannt, was uns auch wiederum freut. Es ist schön zu sehen, dass sie sich trotz des ganzen Lernstresses Zeit für Ruhephasen gönnen. Die von den Berufsschülern dritthäufigste Eigenschaft ist „Pflichtbewusstsein", was sich auch von der Tatsache ableiten lässt, dass sie eine praxisorientierte Schulbildung in Anspruch nehmen. Sie werden dort schon mehr auf den Umgang im späteren Berufsleben vorbereitet. Die Gymnasiasten der unteren Klassenstufe sowie die Realschüler geben die Eigenschaft der Kreativität als Zweithäufigstes an. Der Charakterzug der lebensfrohen Art belegt bei den Gymnasiasten (9. Jahrgangsstufe) den dritten Platz, was vielleicht auf das noch kindliche Alter zurückzuführen ist. Bei den Realschülern hingegen haben sieben Schüler (17,5 Prozent) angegeben, ehrgeizig zu sein. An der Tatsache, dass allein fünf Schüler ein Studium anstreben und dafür vorher noch eine weitere Qualifikation benötigen, lässt sich dieses Ergebnis absehen. Unser Forscherteam fand es aber merkwürdig, dass nur eine Minderheit angegeben hat, fleißig zu sein. Wir dachten uns, wer etwas in seiner Zukunft erreichen möchte, sollte schon ein gewisses Maß an Fleiß mitbringen, um am Arbeitsmarkt überhaupt eine Chance zu haben.

Abgesehen von dem beruflichen Werdegang, wollten wir von unseren Teilnehmern wissen, wieso sie all diese Mühe auf sich nehmen, und was ihr Ziel darstellt, auf welches sie in Zukunft hinarbeiten möchten. Zur Wahl standen Freizeit, Verdienst, Familie oder die Wunschkarriere. Im Großen und Ganzen kann man sagen, dass die Familie die oberste Priorität darstellt, unabhängig von jeglicher Schulform. Diese Tatsache erschien uns sehr beruhigend, da trotz des ganzen Leistungsdrucks unserer Gesellschaft die Mehrheit auf ein Gemeinwohl in der Familie abzielt und sich nicht von dem Einzelwettkampf beeinflussen lässt. Der Wunsch nach einer Karriere steigt im Gymnasium mit zunehmendem Alter. Die Möglichkeit, selbst eine auf sich zutreffende Eigenschaft zu nennen, wurde von vier Personen genutzt. Sie gaben Gesundheit, Zeitmanagement, Zufriedenheit und ein gutes Leben an. Freizeit und Verdienst liegen in beiden Klassenstufen gleichauf, stehen aber dennoch im Rang weiter hinten. Ähnlich ist dieses Ergebnis auch bei den Realschülern, bei denen die Wunschkarriere an zweiter, der Verdienst an dritter und schließlich die Freizeit an letzter Stelle steht. Das Ergebnis der berufsbildenden Schule sticht hervor. Hier geben drei Schüler Freizeit und einer die Wunschkarriere als Ziel an. Für niemanden stand der Verdienst im Fokus, was sich vielleicht damit erklären lässt, das die Berufsschüler eher an bodenständigen und meist praktischen Berufen interessiert sind. Zusätzlich hat uns noch interessiert, ob die Probanden auf ihren Berufswunsch versteift sind oder ob sie sich Alternativen vorstellen können. Doch die Mehrheit der Befragten (54 von 89) pocht auf ihre Vorstellungen und ist nicht bereit, Abstriche zu machen. Insgesamt fünf von 89 Teilnehmern sind bereit, einen anderen Berufszweig einzuschlagen als den ursprünglich geplanten. Dieses Ergebnis ist erschütternd anzusehen, da es im späteren Leben darauf ankommt, flexibel zu sein. Wer auf stur stellt und keine Ersatzmöglichkeiten annimmt, ist schon fast zum Scheitern verurteilt. Man muss als junger Erwachsener offen in sein neues, berufliches Leben einsteigen, um weit zu kommen.

3. Detaillierte Beschreibungen der Grafiken:

Grafik zur Frage: Hast du Angst zu scheitern?

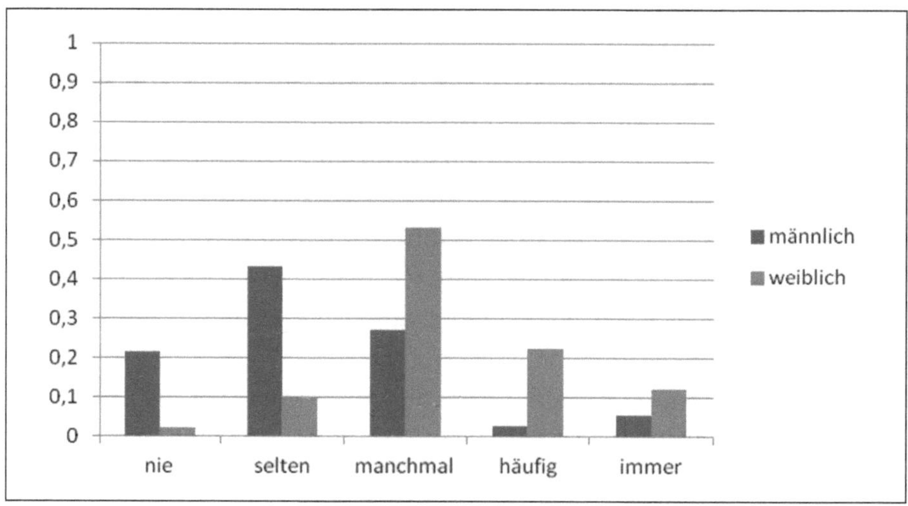

Die Grafik beschreibt den Unterschied zwischen Frauen und Männern in Bezug auf die Angst zu scheitern. Auf der x-Achse wurde die Häufigkeit aufgetragen und die y-Achse bildet die Prozentleiste. Die blauen Säulen stehen für das männliche, die roten Säulen für das weibliche Geschlecht. Alle Prozentwerte der einzelnen Säulen eines Geschlechts addiert ergeben 100 Prozent. Wir befragten die Beteiligten, wie oft sie Angst haben zu scheitern. In der Auswertung wurden anschließend unsere Ergebnisse nach Geschlechtern sortiert und gegeneinander aufgetragen. Auf den ersten Blick ist zu erkennen, dass in der linken Hälfte der Grafik größere Anteile an männlichen Teilnehmern liegen. Dafür belegt ein größerer Anteil der weiblichen Teilnehmerinnen die rechte Hälfte. Interessant ist, dass etwa 65 Prozent der Männer angaben, nie oder selten Angst haben zu scheitern. Das Gleiche gaben nur 12,2 Prozent der weiblichen Teilnehmerinnen an. Lediglich 2 Prozent der Teilnehmerinnen und 21 Prozent der jungen Männer haben nie Angst zu scheitern. Mit 43 Prozent gaben die meisten Männer an, dass sie „selten Angst haben zu scheitern". Die gleiche Antwortmöglichkeit wählten 10 Prozent der Frauen. Mit ungefähr 33 Prozentpunkten liegt bei der Antwortmöglichkeit „selten" der größte Unterschied zwischen Männern und Frauen.

Insgesamt 80 Prozent der Befragten haben angegeben, dass sie „manchmal" Angst davor haben zu scheitern. Damit liegt der Schwerpunkt der Grafik bei der mittleren Antwortmöglichkeit. Die 80 Prozent sind unterteilt in 53 Prozent Frauen und 27 Prozent Männer. Weiter ist zu erkennen, dass sich die klare Mehrheit aller Teilnehmerinnen für die Antwortmöglichkeit „manchmal" entschieden hat. In der rechten Hälfte der Grafik liegt mit 35 Prozent zu 8 Prozent die Mehrheit klar beim weiblichen Geschlecht. Während 22 Prozent der Frauen behaupten, „häufig" Angst zu haben zu scheitern, wählten gerade einmal 2 Prozent der männlichen Befragten dieselbe Antwortmöglichkeit. Allerdings gaben 5 Prozent der Männer an, „immer" Angst zu haben zu scheitern gegenüber 12 Prozent der Frauen. Insgesamt sehen sich 92 Prozent der Männer mehrheitlich im Bereich zwischen „nie" und „manchmal". Bei den Frauen sieht sich die Mehrheit mit 88 Prozent im Bereich zwischen „immer" und „manchmal".

Dieses Ergebnis zeigt, dass junge Männer viel selbstbewusster zu sein scheinen im Gegensatz zu den Frauen. Außerdem scheinen die Männer selbstsicherer zu sein und seltener an sich zu zweifeln. Der niedrige Anteil des weiblichen Geschlechts in der linken Hälfte des Diagramms kann auch so interpretiert werden, dass sich junge Frauen mehr Gedanken um ihre Zukunft machen und versuchen, diese möglichst realistisch einzuschätzen. Außerdem haben junge Frauen genauere Zukunftsvorstellungen und sind energischer als junge Männer, wenn es darum geht, die eigenen Ziele zu verwirklichen. Diese Annahme wird damit gestützt, dass viele junge Frauen im Fragebogen angaben, ihre höchste Priorität sei die „Familie". Die Zukunftsplanung steht im Zusammenhang mit der Familienplanung und lässt die Angst zu scheitern entstehen. Auch das Gedankengut alter Erziehung im Zusammenhang mit der stereotypen Position der Frau kann das Selbstbewusstsein junger

Frauen schmälern, sich etwas anderes zuzutrauen. Trotz der heutigen Emanzipation sind zum Beispiel technische Berufe immer noch eine Männerdomäne. Die Frauen trauen sich – aus alter Sitte – nach wie vor nicht zu, „männliche" Berufe zu erlernen.

Grafik zur Frage: Was ist deine oberste Priorität für deine Zukunft?

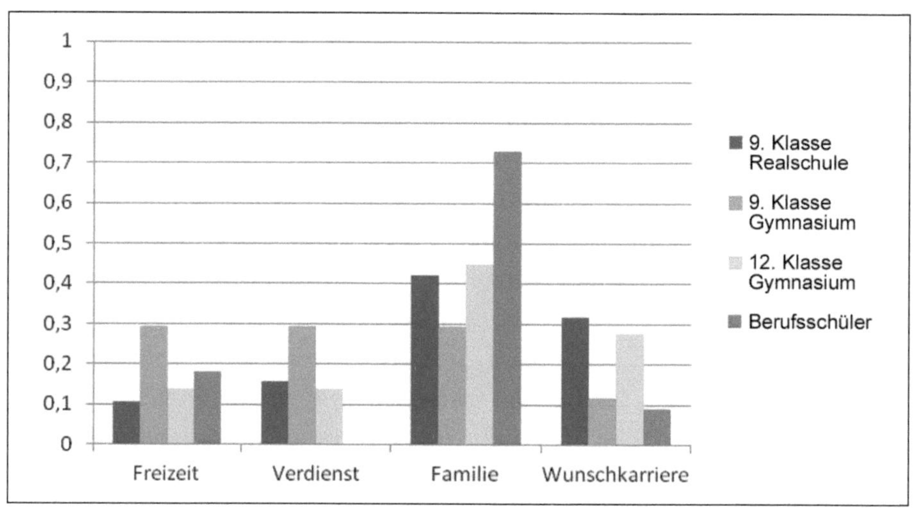

Die Grafik zeigt die Prioritäten der Befragten bezogen auf die jeweilige Schulform. Auf der x-Achse sind in vier Blöcken die Prioritäten „Freizeit, Verdienst, Familie und Wunschkarriere" aufgetragen. Die y-Achse bildet die Prozentachse.

Die meisten Befragten, die „Freizeit" als höchste Priorität angaben, waren die Neuntklässler des Gymnasiums mit 29 Prozent, gefolgt von den Berufsschülern mit 18 Prozent, den Zwölftklässlern des Gymnasiums mit 14 Prozent und zum Schluss den Neuntklässlern der Realschule mit nur 10 Prozent. Interessant ist dabei der Unterschied zwischen den beiden 9. Klassen. Die Neuntklässler der Realschule liegen 19 Prozentpunkte unter den Gleichaltrigen aus dem Gymnasium. Dieses Ergebnis bestätigt unsere Annahme, dass die Schüler, seien es Realschüler oder Gymnasiasten, die kurz vor einem Abschluss stehen, ihre aktuelle

Situation viel realistischer einschätzen als die Schüler, die sich momentan noch keine Gedanken über ihre Zukunft machen müssen. Jugendliche, die kurz vor einem Abschluss stehen, werden sich Gedanken über ihre Zukunft gemacht haben. Diese persönlichen Ziele haben einen großen Antriebswert und bewirken bei den Jugendlichen einen Ansporn, diese Ziele zu verwirklichen. Die Neuntklässler des Gymnasiums werden noch keine festen Ziele vor Augen haben, für die es sich in der aktuellen Situation lohnt, sich anzustrengen. Daher fehlt der psychologische Aspekt, ein Ziel erreichen zu wollen, was das fehlende Engagement erklärt. Alles in allem sehen Jugendliche, die kurz vor dem Eintritt in das berufliche Leben stehen, eine Notwendigkeit, ihre Zeit sinnvoller zu gestalten als mit reinen Freizeitvergnügungen.

Auch die zweite Kategorie „Verdienst" wird von den Neuntklässlern des Gymnasiums mit 29 Prozent angeführt, gefolgt von den Realschülern mit 16 Prozent und den Gymnasiasten der 12. Jahrgangsstufe mit 14 Prozent. Besonders auffällig ist, dass keiner der befragten Berufsschüler angab, dass Verdienst die wichtigste Priorität sei. Dies lässt sich damit erklären, dass die Berufsschüler im Bereich Hauswirtschaft oder Sozialpflege tätig sein werden, und in beiden Berufssparten das Einkommen gering ist. Auffällig ist jedoch, dass relativ wenige Zwölftklässler, die kurz vor dem Abitur stehen, ein hohes Gehalt anstreben.

Die dritte Priorität „Familie" wurde insgesamt am häufigsten genannt. Bis auf die Neuntklässler des Gymnasiums haben alle anderen Klassenformen der Priorität „Familie" den höchsten Stellenwert eingeräumt. Besonders auffällig sind die Berufsschüler mit 73 Prozent, gefolgt von den Zwölftklässlern des Gymnasiums mit 45 Prozent und den Neuntklässlern der Realschule mit 42 Prozent. Allein die Neuntklässler des Gymnasiums gaben der „Familie" gleich viel Stimmen wie der „Freizeit" und dem „Verdienst" mit jeweils 29 Prozent. Im Vergleich zum Verdienst liegt der Wert der Berufsschüler 73 Prozentpunkte über dem des Verdienstes. Diese immense Steigerung ist wieder mit dem Schwerpunktbereich der befragten Berufsschüler zu erklären. Vor allem Schüler der Hauswirtschaft haben Familie als Schwerpunkt gesetzt, da das Fach vorbereitend auf Haushaltsführung ausgelegt ist. Aber auch den Schülern der Sozialpflege ist die Familie äußerst wichtig. Interessant ist, dass viele Realschüler im jugendlichen Alter von etwa 14 Jahren „Familie" als erste Priorität angaben. Damit wird die These gestützt, dass die vor ihrem Abschluss stehenden Realschüler konkrete Zukunftspläne haben. Zusammenfassend war unser ausgewähltes Thema „Spannungsfeld zwischen Wunsch und Wirklichkeit" ein sehr interessantes Thema. Jedoch mussten wir erst einmal klären, wie wir „realistisch" überhaupt definieren. Einzuschätzen, ob ein Berufswunsch realistisch ist, ist meistens nicht möglich. Besonders auffällig war die Tatsache, dass viele Gymnasiasten noch keine konkreten Zukunftsvorstellungen haben. Sie wissen zwar, dass sie studieren möchten, aber noch nicht in welcher Richtung. Außerdem würden sie auch nicht den Berufswunsch ändern, wenn sie Noten, Geld und den familiären Hintergrund ändern könnten. Der Grund hierfür ist wahrscheinlich, dass sie mit der Möglichkeit zu studieren, dem höchstmöglichen Abschluss sehr nah sind. Überrascht hat uns hingegen, dass auch Realschüler und Berufsschüler nicht ihren Berufswunsch ändern würden, um vielleicht doch einen besser qualifizierten Beruf ausüben zu können. In der Realschule werden die Schüler auf eine zukünftige Ausbildung vorbereitet; sie lernen, wie ein Vorstellungsgespräch abläuft und was man dabei beachten muss. Diese Vorbereitung auf den Abgang von der Schule und auf einen gezielten Berufsweg findet hier sehr detailliert statt. Möglicherweise ist genau diese Erfahrung ausschlaggebend dafür, dass man mit dem Berufswunsch dann auch zufrieden ist.

Außerdem fanden wir den Unterschied zwischen den Geschlechtern vor allem bei der Frage, ob man Angst hat zu scheitern, am interessantesten. Hier wird deutlich, dass Frauen mehr Angst haben zu scheitern als Männer. Dies könnte zwei Ursachen haben. Einmal, dass Frauen möglicherweise ein geringeres Selbstwertgefühl haben und weniger Selbstbewusstsein oder, dass sie sich mehr Gedanken über die Zukunft machen. Doch auch bei der Berufswahl werden die Klischees bedient, zum Beispiel, dass Männer technische Berufe bevorzugen und Frauen zu

medizinischen oder künstlerischen Berufen tendieren. Beispielsweise gab es keine Frau, die einen technischen Beruf wie Ingenieur anstrebt.
Im Laufe des Projekts sind wir noch auf weitere spannende Themen und Leitfragen gestoßen. Die Arbeit war sehr zeitintensiv und fordernd, hat uns jedoch sehr viel Spaß gemacht. Generell war der Einblick in das Feld der empirischen Sozialforschung sehr aufschlussreich, gerade für einen Sozialkunde-Leistungskurs war dies sicherlich eine gute Erfahrung. Auch die Zusammenarbeit mit der Tutorin war eine Erfahrung wert und durchweg positiv. Wir sind neuen Themen immer aufgeschlossen und würden uns jederzeit neuen Themen widmen. Konkret würde es uns interessieren, ob und wie Eltern für ihre Kinder im Verlauf der Schullaufbahn vorsorgen und planen. Für ein weiteres Projekt wäre außerdem die Erziehung der Schüler und ihr familiäres Umfeld – im Zusammenhang mit dem Berufswunsch – interessant.

Wir wünschen allen Teilnehmern eine rosige Zukunft.

Mit freundlichen Grüßen
Lamworschdikan

Anhang

1. Definitionen

Berufsschüler
Die Bezeichnung Berufsschüler steht für die Schüler, die die berufsbildende Schule im Fachbereich Pflege und Hauswirtschaft besuchten.

Realschüler
Die Bezeichnung Realschüler meint die Schüler der 9. Klasse der Realschule Plus.

Erläuterung:
Im Folgenden befinden sich zwei verschiedene Fragebögen. Der erste ist auf die Berufsschüler zugeschnitten und der zweite bezieht sich auf die Gymnasiasten und die Realschüler.

2. Fragebögen „*Lamworschdikan*"

2.1 Fragebogen Berufsschüler

1. Bist du
   O weiblich oder   O männlich?

2. Wie alt bist du?   .... Jahre

3. Welche Schulart besuchst du?
   O Berufsschule   O sonstige: ....

4. Was strebst du nach deinem bevorstehenden Abschluss an?
   O Studium (weiter zu 5.1)
   O erneute Ausbildung bzw. Fortbildung (weiter zu 5.2.)
   O Abitur (weiter zu 6.)
   O Arbeiten im erlernten Beruf: .... (weiter zu 6.)
   O sonstiges: .... (weiter zu 6.)
   O weiß noch nicht (weiter zu 6.)

   4.1 Für Studium: Welche Art des Studiums strebst Du an?
   O duales Studium   O Universität
   O Fachhochschule   O weiß nicht

   4.2 Für Ausbildung: Welche Art der Ausbildung strebst Du an?
   O schulische Ausbildung   O Ausbildung im Betrieb
   O weiß nicht

5. Du erlernst zurzeit einen Beruf; möchtest du später auch in
   diesem Beruf arbeiten? Wenn nein, aus welchen Gründen bist
   du auf der Berufsschule? Hier kannst du den gewünschten Beruf
   oder das angestrebte Berufsfeld angeben:
   O Ja, ich möchte .... werden
   O Nein, aus folgenden Gründen:
   ....

6. Hast du Angst zu scheitern?

   O   immer   O häufig   O manchmal   O selten   O nie

7. Willst du dein Hobby zum Beruf machen?

   O ja   O nein

8. Mit welchen Eigenschaften kannst du dich am besten
identifizieren? (maximal 2 Antworten)

   O ehrgeizig   O sozial   O motiviert
   O pflichtbewusst   O kreativ   O fleißig
   O gemütlich   O lebensfroh   O sonstige: ....

9. Was ist deine oberste Priorität für deine Zukunft?
(maximal eine Antwort)

   O Freizeit   O maximaler Verdienst
   O Familie   O Wunschkarriere
   O sonstige: ....

10. Der Berufswunsch orientiert sich oft daran, was machbar ist.
Wenn du unabhängig von deinem Schulabschluss, deinen Noten,
deinen Eltern und den Kosten für die Ausbildung entscheiden
könntest, würdest du dich dann auch für den oben genannten
Beruf entscheiden?

   O Ja, auf jeden Fall (weiter zu 11.1)
   O Nein, ich würde mich für etwas anderes entscheiden, und zwar

....

(weiter zu 11.2)
Darüber habe ich mir noch keine Gedanken gemacht

11.1 Warum hast du diesen Berufswunsch? Begründe kurz
(maximal drei Sätze).

....

11.2 Warum würdest du dich für etwas anderes entscheiden?
Begründe kurz (maximal drei Sätze).

....

2.2 Fragebogen Gymnasiasten und Realschüler

1. Bist du
   O weiblich oder   O männlich?

2. Wie alt bist du?   .... Jahre

3. Welche Schulart besuchst du?
   O Gymnasium   O Realschule   O Realschule +
   O Gesamtschule O sonstige: ....

4. Klassenstufe?
   O 9   O 12

5. Was strebst du nach deinem bevorstehenden Schulabschluss an?
   O Studium (weiter zu 5.1)
   O Ausbildung (weiter zu 5.2)
   O Abitur, dann Studium (weiter zu 5.1)
   O Abitur, dann Ausbildung (weiter zu 5.2)
   O sonstiges: .... (weiter zu 6.)
   O weiß noch nicht (weiter zu 6.)

   5.1 Für Studium: Welche Art des Studiums strebst du an?
   O duales Studium   O Universität
   O Fachhochschule   O weiß nicht

   5.2 Für Ausbildung: Welche Art der Ausbildung strebst du an?
   O schulische Ausbildung   O Ausbildung im Betrieb
   O weiß nicht

6. Viele Jugendliche machen sich Gedanken über ihr späteres
   Berufsleben. Weißt du schon, was du werden möchtest?
   Hier kannst du den gewünschten Beruf oder das angestrebte
   Berufsfeld angeben:
   O Ja, ich möchte .... werden
   O Nein, ich weiß noch nicht
   O Das ist mir egal/interessiert mich nicht

7. Hast du Angst zu scheitern?
   O immer   O häufig   O manchmal   O selten   O nie

8. Willst du dein Hobby zum Beruf machen?
   O ja   O nein

9. Mit welchen Eigenschaften kannst du dich am besten
   identifizieren? (maximal 2 Antworten)
   O ehrgeizig   O sozial   O motiviert
   O pflichtbewusst O kreativ   O fleißig
   O gemütlich   O lebensfroh   O sonstige: ....

10. Was ist deine oberste Priorität für deine Zukunft?
    (maximal eine Antwort)
    O Freizeit   O maximaler Verdienst
    O Familie   O Wunschkarriere
    O sonstige: ....

11. Der Berufswunsch orientiert sich oft daran, was machbar ist.
    Wenn du unabhängig von deinem Schulabschluss, deinen Noten,
    deinen Eltern und den Kosten für die Ausbildung entscheiden
    könntest, würdest du dich dann auch für den oben genannten
    Berufswunsch entscheiden?
    O Ja, auf jeden Fall (weiter zu 11.1)
    O Nein, ich würde mich für etwas anderes entscheiden, und zwar
    ....
    (weiter zu 11.2)
    O Darüber habe ich mir noch keine Gedanken gemacht

    11.1 Warum hast du diesen Berufswunsch? Begründe kurz
    (maximal drei Sätze).
    ....
    11.2 Warum würdest du dich für etwas anderes entscheiden?
    Begründe kurz (maximal drei Sätze).
    ....

Danksagung

Zum Schluss möchten wir uns noch einmal bei dem Ernst-Bloch-Zentrum in Ludwigshafen für den angebotenen Forschungswettbewerb bedanken. Es war wirklich eine Erfahrung wert, daran teilzunehmen. Die Arbeit an diesem Projekt, welches uns sehr am Herzen liegt, hat uns als Sozialkundeleistungskurs noch mehr zusammengeschweißt. Durch die Arbeit an unserer Forschung, in die wir viel Herzblut und Arbeitszeit investiert haben, wissen wir nun, dass wir uns wirklich auf jeden Einzelnen von uns verlassen können. Ein weiterer Dank gilt unserer Tutorin, Ines Schaurer, die uns tatkräftig mit Rat und Tat zur Seite stand, genauso wie unsere Sozialkundelehrerin Frau Kistenmacher-Dörr, die uns sogar einige Unterrichtsstunden zur Verfügung stellte, um unser Projekt zu planen und umzusetzen.

Einen herzlichen Dank sendet
Lamworschdikan

Ist scheitern gut?
Gespräch zwischen *Lamworschdikan* und der Jury

Alexandra Müller: So, das Spiel zum dritten Mal: Fragen aus der Jury.

Elif Özmen: *Ich fand es bemerkenswert, dass ihr euch getraut habt, die Probanden nach ihrer Angst zu Scheitern zu befragen. Und noch bemerkenswerter fand ich das Ergebnis, zu dem ihr gekommen seid und bei denen ihr auch verschiedene Interpretationen angebracht habt: Selbstbewusstsein oder Inflexibilität oder Selbstüberschätzung bei den Jugendlichen. Das fand ich ganz großartig. Ich würde aber gerne wissen, was Scheitern eigentlich für euch bedeutet. Heißt das, einen bestimmten Berufswunsch, den ihr jetzt habt, nicht realisieren zu können oder ist das etwas anderes? Ich finde den Begriff doch sehr stark.*

Johannes Barth: Wenn man sich Ziele im Leben setzt und diese dann nicht erreicht, dann hat man Angst vor Scheitern.

Elif Özmen: *Das sind vor allem berufliche Ziele?*

Johannes Barth: Generell, Ziele im Leben.

Elif Özmen: *Darf ich nochmal nachfragen? Haltet ihr es eher für gut, sich mit dem Scheitern-Können auseinanderzusetzen – auch schon in so jungen Jahren – oder findet ihr eher die Strategie vieler junger Männer besser, sich eher nicht damit auseinanderzusetzen und deswegen weniger Angst zu haben?*

Philipp Rentschler: Es hat natürlich alles Vor- und Nachteile, aber ich gehe davon aus, dass man sich schon Gedanken machen sollte und Ziele haben sollte, die man verfolgen will; wie ein innerer Antrieb. Wenn jeder ein Ziel vor Augen hat, also: ich möchte diesen oder jenen Beruf, dann hat man diesen Antrieb, dann kümmert man sich darum. Ich denke, man sollte sich jedoch immer Gedanken machen, was passiert oder passieren könnte, wenn man genau dieses Ziel nicht erreichen kann.

Thomas Gautschi: *Ich möchte da gleich anschließen. Sie haben ja Zahlen gezeigt, dass etwa – wenn ich das richtig gesehen habe – um die 80 Prozent Angst haben, zu scheitern oder zumindest manchmal Angst haben zu scheitern. Das ist schon sehr viel. Ist mit dem Scheitern auch gleich verbunden, dass man unglücklich ist, wenn man irgendetwas nicht erreicht? Wenn man also den Bogen zur ersten Gruppe spannt und fragt: heißt es dann, wenn man scheitert, dass man zwangsläufig unglücklich ist? Gibt es einen Unterschied zwischen einem perfekten Lebenslauf, bei dem man nie scheitert, und einem glücklichen Leben? Kann man auch mit einem gescheiterten Lebenslauf ein glückliches Leben führen? Was denkt ihr da? Ich wollte mal Pilot werden, dann Millionär, und jetzt bin ich Professor und ich denke, ich bin eigentlich ganz zufrieden mit dem, was ich jetzt bin und was ich erreicht habe – obwohl ich aus Sicht der Wünsche, die ich als Sechzehnjähriger hatte, eigentlich schwer gescheitert bin.*

Johannes Barth: Scheitern bringt im Leben ja auch neue Erfahrungen. Man richtet sich an diesen Misserfolgen vielleicht neu aus und orientiert sich neu und kann sich dadurch neu aufbauen und wieder glücklich sein. Man kann auch durch den Misserfolg weitermachen und glücklich sein.

Thomas Gautschi: *Habt ihr euch konkret mit Kollegen oder Kolleginnen, Freunden oder Familie unterhalten, ob Scheitern oder die Angst zu scheitern tatsächlich auch blockieren kann oder ob sich diese Angst zu scheitern im Endeffekt für die Personen, die sie erfahren haben, im Nachhinein als etwas Positives dargestellt hat?*

Philipp Rentschler: Ja, zum Beispiel gerade bei meinem Vater weiß ich, dass er etwas ganz anderes macht, als er in seiner Jugend machen wollte. Man kann das jetzt eigentlich nicht unbedingt Scheitern nennen, aber genaugenommen ist sein Wunschberuf gescheitert. Ich denke aber, dass er auch jetzt sehr damit zufrieden ist, was er macht. Generell denke ich, dass Scheitern nichts Negatives sein muss. Scheitern bedeutet nur, dass etwas Anderes kommt – und das Andere muss nicht schlechter oder besser sein. Es ist nur schwer, das Andere, was kommen kann, vorauszusagen.

Karin Heyl: *Ich möchte in Bezug auf euer Thema an die Frage des Scheiterns anknüpfen, nämlich an das Spannungsfeld zwischen Wunsch und Wirklichkeit. Seht ihr einen Zusammenhang zwischen der Angst zu scheitern und der Priorisierung von Lebenszielen? Das heißt, ob ich jetzt den Verdienst in den Vordergrund stelle oder die Familie oder die Freizeit. Die Frage ist, wenn ich diese Angst zu scheitern habe, dann heißt es ja ganz schnell: „Uh, dann versuch' ich's erst gar nicht." Das heißt, ich werde mir keine hohen Berufsziele stecken, sondern meine Prioritäten in einem Bereich setzen, von dem ich denke, dass es dort leichter ist, Ziele zu erreichen und so zufrieden zu sein. Das wären zum Beispiel Mädchen, die sagen: „Okay, ich habe mehr Angst zu scheitern, also setze ich eher auf Familie als auf Beruf und Karriere."*

Philipp Rentschler: Wir gehen davon aus, dass jeder Mensch dabei anders veranlagt ist. Manche gehen eher den sicheren Weg, manche suchen lieber den spekulativen Weg. In der Antike zum Beispiel wurden ja auch sehr viele verschiedene Glücksphilosophien verfolgt. Da war es auch so, dass es Glücksphilosophien gab, in denen Ziele gesetzt wurden, die erreicht werden können. Aber es hat ja Leute einfach glücklich gemacht, an diesen Wegen festzuhalten.

Jörg Ueltzhöffer: *Mich hat dieses Ergebnis zu diesem Thema überrascht. Ihr habt ja das Item, das Statement, aus meiner Sicht sehr gut und knallhart formuliert. Angst und Scheitern, diese zwei Begriffe sind sehr stark und dennoch haben wir einen so hohen Prozentsatz erreicht, bei den jungen Frauen mehr, bei den jungen Männern weniger. Das könnte daran liegen, dass das Wort „Angst" vorkommt; getreu der Stereotype, Mädchen können Angst haben, Jungen haben keine Angst. Das wäre eine Erklärung. Aber insgesamt haben wir hier einen Befund, der nicht nur euch, sondern auch vor allem den Erwachsenen zu denken gibt. Wir stehen in Europa vor einer dramatischen Situation, was es die Zukunft von jungen Leuten anbelangt — das wisst ihr ja. Es gab dazu gestern und heute einen Gipfel im Kanzleramt. Jetzt haben wir selbst in Deutschland ein so hohes Maß an Zukunftsangst. Meine Frage: Muss man das ernst nehmen als Gesellschaft — auch ihr Jugendlichen in Deutschland?*

Philipp Rentschler: Ja, selbstverständlich. Gerade wie man jetzt gesehen hat, betrifft das in unserer Umfrage speziell junge Frauen. Aber wenn man das auf Europa bezieht und da sowieso schon Jugendarbeitslosigkeitsraten – zum Beispiel in Spanien – von 56 Prozent oder noch mehr vorkommen, dann möchte ich die Werte von denen gar nicht erst sehen. Wenn nur Frauen befragt würden, dann würden wir wahrscheinlich Ergebnisse bekommen, die noch viel extremer wären, als wir sie jetzt gewonnen haben. Für die Gesellschaft – und besonders die Politik – gilt, dass da unbedingt was gemacht werden muss, einfach, um diese Angst zu nehmen. Es sind junge Menschen und sie werden in ihrer Zukunftsplanung bedrückt und eingeschränkt. Das ist etwas, das angegangen werden muss.

Thomas Gautschi: *Darf ich eine letzte Frage stellen? Das war etwas, was ich eigentlich in allen Arbeiten vermisst habe: nämlich die Frage nach der Repräsentativität der Resultate. Ihr hab das jetzt als einzige verwendet und gesagt: „Ja, es ist wahrscheinlich repräsentativ." Meine Frage wäre deswegen eine ganz allgemeine, stellvertretend für alle Gruppen: Jetzt, wo ihr mal so eine empirische Sozialforschung von A bis Z durchgeführt und auch Resultate produziert habt, von denen ihr sagt, man kann ihnen nicht uneingeschränkt Glauben schenken, lest ihr jetzt Statistiken in Zeitungen oder im Fernsehen mit anderen Augen? Habt ihr also generell aus diesem Projekt die Erkenntnis gezogen, wie solche Statistiken zu Stande kommen?*

Philipp Rentschler: Ja, also wir haben zum Beispiel gelernt, dass es sehr darauf ankommt, wie wir unsere Fragen stellen und in welchem Rahmen wir die Fragen stellen und welche Fragen vorkommen. Natürlich auch, wie die Frage formuliert ist. Es wird ja ganz oft gesagt, wie durch die Wortwahl Statistiken verfälscht werden können; deswegen denke ich, dass wir das jetzt wissen. Wir wissen und wir hoffen, dass es die anderen auch wissen: auf Statistiken darf man nicht zu extrem eingehen. Das ist eine Tendenz, die es gibt, aber eigentlich kann man sie nicht ernst nehmen.

Alexandra Müller: *Außer man hat sie selbst gefälscht.*

Philipp Rentschler: Dann natürlich schon.

Wann macht der Lebenslauf glücklich?
Was macht ihn „perfekt"?

Team *„Die Glückskinder"*
Laura Nuber, Cassandra Süß
(Jahrgangsstufe 10, Elisabeth-von-Thadden-Schule,
Heidelberg-Wieblingen)

1. Die Forschungsfrage

Unsere Forschungsfrage lautet:
„Wann macht der Lebenslauf glücklich? Was macht ihn perfekt?"

Das Ziel dieser Frage war zu beweisen, dass man in allen Berufen und Lebenslagen glücklich sein kann. Außerdem interessiert uns, ob man nur in einer hohen Position, mit viel Geld, einer intakten Familie und einem eigenen Haus glücklich sein kann oder ob es reicht, Spaß am Job und eine kleine Mietwohnung zu haben. Bedeutet Geld Glück? Uns interessiert, was Menschen unter einem „perfekten" Lebenslauf verstehen und wie sie diesen definieren.

Wir sind durch ein Brainstorming zum Thema „Was ist ein guter Lebenslauf" auf diese Frage gekommen. Uns ist schnell klar geworden, dass jeder glücklich sein kann, wenn er selbst dazu beiträgt. Zudem hat jeder seine eigene Definition von Glück, die viele schon umgesetzt haben. Da wir beide schon eine Vorstellung haben, wie wir unser Leben später einmal gestalten wollen, sind wir sehr schnell zu dem Entschluss gekommen, dass es für viele wichtig sein könnte, eine Familie zu gründen und einen gut bezahlten Job zu haben, bei dem man auch noch Zeit für sich und die Familie hat. Unter anderem ist uns aufgefallen, dass es in unserem Freundeskreis und Bekanntenkreis die verschiedensten Familien-konstellationen gibt. Zum einen gibt es alleinerziehende Väter und Mütter, Familien und Paare, die mit ihrer momentanen Lebenslage unzufrieden sind und zum anderen Familien und Paare, die glücklich sind. Außerdem fallen große Unterschiede auf, wenn man eine Großfamilie und einen Haushalt mit einem Einzelkind vergleicht. Wir haben uns vorgenommen, mit unserer Frage zu beweisen, dass eigentlich jeder das Beste aus seiner Lebenslage machen kann und sollte und somit glücklich sein kann.

Über das Thema wussten wir noch nichts, hatten aber eine Vorstellung davon.

Wir erwarteten, dass die meisten mit ihrer momentanen Lebenslage relativ glücklich sind. Das hängt natürlich davon ab, wie jeder für sich Glück definiert. Außerdem erwarteten wir, dass manche eine Vorstellung vom „perfekten" Lebenslauf haben, aber ihr Leben nicht unbedingt diesen Vorstellungen entspricht. Oder dass Menschen mit ihrer momentanen Situation so glücklich sind, dass sie ihr Leben als „perfekt" definieren. Wir erwarteten von der Befragung, dass man in allen Gesellschaftsschichten aus unterschiedlichen Gründen glücklich, aber auch unglücklich sein kann.

2. Erhebung

Die Interviews wurden in einem Zeitraum von drei Monaten durchgeführt. Wir haben die qualitative Untersuchungsmethode angewandt. Wir haben Interviews geführt und mussten diese mit einem Aufnahmegerät aufnehmen. Der Fragebogen besteht aus sechs Kategorien (Schulbildung, Beruf, Privatleben, Familienleben, Glück und Lebenslauf) mit jeweils einer bis fünf Subkategorien.

Es wurden insgesamt acht Personen befragt. Die Personen wurden in der Schule, in einem Klassenzimmer oder in der Schulcafeteria befragt oder die Befragungen fanden zu Hause statt. Wir haben einen Plan erstellt mit Personen, die wir befragen möchten, und deren jeweiligem Familienstand und Tätigkeiten und haben uns dann überlegt, auf wen in unserem Freundes- und Bekanntenkreis dies zutreffen könnte. Daraufhin haben wir diese angesprochen, ob es möglich wäre, sie für einen Wettbewerb zu interviewen. Da die beiden Befragungen in der Schule während des Schulunterrichts geführt werden mussten (Person A und Person E), baten wir den zuständige/n Lehrer/in um Erlaubnis. Dies war in beiden Fällen kein Problem. Erwähnenswert erscheint uns, dass alle Beteiligten bereit waren, auf Band aufgenommen zu werden, nachdem wir unser Projekt vorgestellt hatten und klar war, dass die Daten streng vertraulich behandelt werden. In diesem Punkt stießen wir also auf keinerlei Probleme. Ansonsten ist uns aufgefallen, dass die Fragen in allen Fällen ernst genommen wurden und sich jeder bemüht hat, diese auch möglichst präzise zu beantworten.

Da unsere Forschungsfrage eher auf Erwachsene ausgelegt war, haben wir nicht die Notwendigkeit gesehen, mehrere schulpflichtige Jugendliche zu befragen. Dennoch erschien es uns wichtig, zwei Schüler aus zwei verschiedenen Schularten, Gymnasium und Realschule, zu interviewen. Beide Schülerinnen besuchen die 10. Klasse.

Die befragten Personen sind im Alter zwischen 16-79 Jahren. Person A: Gymnasiallehrer, Person B: Erzieherin, Person C: Verkäuferin, Person D: Rentner (ehemaliger Gymnasiallehrer), Person E: Schülerin der 10. Klasse eines Gymnasiums, Person F: Schülerin der 10. Klasse einer Realschule, Person G: Arbeitsloser und Person H: Studentin für Gesundheitsförderung und Kinderkrankenpflegerin.

3. Befragung

Es wurden insgesamt acht Personen befragt, die uns sofort zugesagt haben, nachdem wir ihnen das Projekt vorstellten. Alle Befragten stimmten einer Aufnahme zu, da wir ihnen versicherten, dass die Daten vertraulich behandelt werden. Die Interviews haben je nach Ausführlichkeit der Beantwortung der Fragen zwischen sechs und 19 Minuten gedauert. Wir haben entweder zu zweit oder alleine befragt, da wir uns nach der Zeit derer, die wir befragen wollten, richten mussten. Da wir der Meinung waren, dass es den Befragten irritieren könnte, wenn wir die Fragen abwechselnd stellen, haben wir uns entschieden, dass nur eine die Fragen stellt. So war es auch unkomplizierter, wenn eine mal nicht dabei sein konnte. Bei drei Interviews waren andere Personen dabei. Dies lag zum einen daran, dass wir die Interviews bei Personen zu Hause durchführen durften und zum Beispiel das Interview am Tisch stattfand, wo sich auch noch andere Familienmitglieder aufhielten. Zum anderen lag es auch daran, dass sich eine unserer Klassenkameradinnen für unser Projekt interessierte und gerne einem Interview beiwohnen wollte. Wir hatten das Gefühl, dass die meisten Befragten erstmal nicht genau wussten, was genau sie antworten sollen. Nach anfänglichem Überlegen und Zögern legte sich die Aufregung und die Atmosphäre wurde lockerer. Den einzigen Zeitdruck den wir hatten, war der bei unserem Lehrer, da wir uns an die Pausenzeit halten mussten. Geräusche gab es nur von Autos, Vögeln, Flugzeugen oder von Gesprächen im Hintergrund. Wir hatten den Eindruck, dass bei den Gesprächen, bei denen noch andere Personen anwesend waren, es den Befragten schwerer fiel, sich zu konzentrieren.

4. Datenauswertung

Person A ist 37 Jahre alt, verheiratet und hat drei Kinder. Er ist Lehrer an einem Gymnasium.

SCHULBILDUNG
Seine Lieblingsfächer waren Politik, Philosophie, Psychologie, Erdkunde und Theater. Diese Fächer haben sich insofern auf den Beruf ausgewirkt, dass er Gymnasiallehrer wurde und einige der Fächer lehrt. Er hat ein Studium absolviert.

BERUF
Der Lehrer würde in seinem Job gerne mehr im Team arbeiten und ein höheres Gehalt bekommen. Durch die Teamarbeit erwartet er emotionale Entlastung und Impulse von Kollegen, um sich weiterzuentwickeln. An seinem Beruf als Lehrer gefällt ihm die Absicherung durch die Beamtenschaft, dass er sein eigener „Kleinunternehmer" ist und eigene

Entscheidungen treffen darf. Ihn stört an seinem Beruf die wenige Teamarbeit. Dennoch ist er mit seiner Tätigkeit generell zufrieden, denn sie eröffnet ihm neue Perspektiven.

PRIVATLEBEN

Der dreifache Vater hätte gerne mehr Zeit für Familie und Freunde und eine Zweitwohnung in Berlin, damit seine Kinder ein zweites Standbein haben. Den Perspektivwechsel als Hausmann kann er sich für eine Zeit lang sehr gut vorstellen, da er sich nach der Arbeit auch jetzt schon die Hausarbeit mit seiner Frau teilt. Er kann es sich aber nicht vorstellen, den Job ganz aufzugeben. Er sieht als Vorteil an der Tätigkeit als Hausmann, dass er mehr Zeit für sich, seine Familie und seine Bekannten hätte und von einer anderen Perspektive auf seinen Beruf blicken könnte. Der Nachteil daran wäre für ihn, dass es eine Karrierebremse bedeuten würde.

FAMILIENLEBEN

Der Vater von drei Kindern im Kleinkindalter ist verheiratet. Er konnte es sich nicht vorstellen, sein Leben kinderlos zu verbringen, denn er genießt es, mit Menschen zusammenzuleben und Kinder aufwachsen zu sehen. Die Kinder sind in Einrichtungen wie Ganztagsschule, Kinderkrippe, Tagesmutter, bei den Großeltern oder abends bei einem Babysitter untergebracht.

GLÜCK

Für ihn bedeutet Glück, Nähe zu anderen Menschen zu haben und seine eigenen Kinder aufwachsen zu sehen, was er mehrfach betonte. Sein Glück verortet er in seinem Beruf darin, in Wohlstand und Sicherheit zu leben. Er ist glücklich in seinem Beruf, da er die Möglichkeit hat, vieles mitzugestalten. In seiner Familie empfindet er Glück, wenn er mit seinen Kindern den Tag verbringen kann.

Der 37-jährige ist momentan sehr glücklich mit seiner familiären und beruflichen Situation, hatte aber auch schon große Tiefen in seinem Leben und ein nicht einfaches Familienumfeld.

LEBENSLAUF

Für ihn bedeutet ein perfekter Lebenslauf, authentisch zu bleiben und sich immer zu hinterfragen, wenn es Schwierigkeiten gibt, sich zu trauen etwas zu ändern, Entscheidungen zu treffen und sein Leben lebenswert zu machen.

Person B ist 47 Jahre alt, ledig und hat eine Tochter. Sie arbeitet als Erzieherin.

SCHULBILDUNG

Das Lieblingsfach der Erzieherin war Sport. In ihrem Job wird das sportliche Element benötigt. Sie hat einen Realschulabschluss und eine Erzieherausbildung.

BERUF

Sie würde seitens der Arbeit gerne das niedrige Gehalt und die wenige Freizeit ändern. Der Erzieherin fällt es schwer, mit den Kindern zu arbeiten, da sie zu wenig gesellschaftliche Anerkennung und Gehalt für die Arbeit, die sie leistet, bekommt. In ihrem Beruf gefällt ihr besonders die Anerkennung und Zuneigung der Kinder, die Entscheidungsfreiheit und die Unabhängigkeit. Andererseits fühlt sie sich durch die wenige Wertschätzung seitens der Kollegen, das niedrige Gehalt und die Einseitigkeit des Jobs eingeschränkt. Sie ist mit der Wahl des Berufs zwar generell zufrieden, würde aber, wenn sie nochmal die Wahl hätte, die Form eines Studiums wählen.

PRIVATLEBEN

Wenn die Mutter etwas an ihrem Leben ändern könnte, hätte sie gerne mehr Zeit für sich und bessere finanzielle Mittel zur Verfügung. Außerdem möchte sie sich nicht mehr alles so zu Herzen nehmen. Sie kann sich nicht vorstellen, nur als Hausfrau tätig zu sein. Der Vorteil daran wäre, dass man seine Kinder aufwachsen sieht und viel Zeit hat. Der Nachteil daran ist, dass man genauso viel arbeiten muss wie in einem Job, aber noch weniger Wertschätzung bekommen würde.

Sie hätte zwar gerne mehr Gehalt, kann es sich aber nicht vorstellen, in einem Managementbereich zu arbeiten. Sie sagt: „Man hat viel Geld, aber wenig Zeit, es auszugeben."

FAMILIENLEBEN

Die Berufstätige hat eine 16-jährige Tochter und ist ledig. Sie wollte ein Kind haben, weil es ihr wichtig war, ein Kind heranwachsen zu sehen und sie es als Lebensaufgabe sieht, etwas von sich weiter zu geben. In der Kleinkindzeit wurden der Kindergarten, der Schulhort und die Großeltern beansprucht.

GLÜCK

Die Mutter definiert Glück als innere Zufriedenheit und finanziellen Wohlstand. Sie verortet Glück, wenn sie innerlich zur Ruhe kommen kann, zum Beispiel im Urlaub, beim Spazierengehen, beim Lesen, beim Sport oder wenn sie etwas von den Kindern in ihrer Arbeit zurückbekommt. Außerdem erfüllt sie ihr Job, da sie weiß, dass sie eine sinnvolle Aufgabe in ihrem Leben hat, der sie nachgehen kann. Sie ist froh, überhaupt einen Job zu haben und nette Kollegen. Im Familienleben bedeutet ihre Tochter für sie Glück. Die Mutter war in ihrem Leben besonders glücklich, als ihre Tochter noch klein war. Besonders unglücklich war sie, als ihre Eltern krank waren.

LEBENSLAUF

Laut der Erzieherin gibt es den perfekten Lebenslauf nicht. Aber es gibt verschiedene Wege, die man in seinem Leben einschlagen kann. Jeder muss den für sich richtigen Weg finden. Trotzdem wird es immer wieder Dinge im Leben geben, die man im Nachhinein hätte besser machen wollen.

Person C ist 42 Jahre alt, in einer Beziehung und hat keine Kinder. Sie arbeitet als Verkäuferin.

SCHULBILDUNG

Der Verkäuferin mochte die Fächer Deutsch und Erdkunde. Deutsch hat sich insofern auf den Beruf ausgewirkt, dass man sich als Verkäuferin gut ausdrücken muss. Sie hat eine Ausbildung zur Dekorateurin gemacht und später eine Weiterbildung zur Verkäuferin, da ihr der Kundenkontakt im früheren Beruf gefehlt hat.

BERUF

Die Verkäuferin ist mit ihrer momentanen Jobsituation zufrieden. Sie hat im Moment keinen Änderungswunsch außer, dass die Geschäftszeiten nicht noch mehr ausgedehnt werden. Ihr gefällt an dem Job als Verkäuferin der Kundenkontakt, der ihr als Dekorateurin fehlte. Außerdem freut sie sich über die Stammkunden, die ihr Bestätigung geben. Das, was die Verkäuferin an diesem Beruf stört, sind unfreundliche Kunden. Dennoch ist sie mit ihrer Berufswahl generell zufrieden.

PRIVATLEBEN

Sie wünscht sich für ihr Leben mehr Geld und Gesundheit. Die Tätigkeit nur als Hausfrau kann sie sich nicht vorstellen, da es ihr zu eintönig wäre. Sie sieht den Vorteil darin, dass man sich den Tagesablauf selbst einteilen kann. Ein Nachteil wäre, dass man sich viel um Haushalt, Kinder und Garten kümmern müsste und nicht viel Zeit für sich hätte.

FAMILIENLEBEN

Die Verkäuferin ist in einer Beziehung, hat aber keine Kinder. Sie kann sich auch nicht vorstellen, eine Familie zu gründen. Ihre Begründung war ihr eigener „purer Egoismus“. Hätte sie Kinder, würde sie sich die Arbeit mit ihrem Freund teilen.

GLÜCK

Sie empfindet Gesundheit, gute Freunde, ein gutes soziales Umfeld, genug Geld, genug zu Essen und ein Dach über dem Kopf als Glück. Außerdem ist sie glücklich, wenn kein Krieg herrscht. Die 42-jährige verortet Glück in ihrem Privatleben. Glück in ihrem Beruf machen dankbare Kunden aus. Privat ist sie glücklich darüber, ihren Freund gefunden zu haben und in den Urlaub fahren zu können. Es macht sie glücklich, neue Dinge kennen zu lernen. Konkret unglücklich war sie während den Krankheitsfällen in der Familie.

LEBENSLAUF
Zu ihrem perfekten Lebenslauf gehören ein Job und ein schönes Leben.

Person D ist 79 Jahre alt, verheiratet und hat drei Kinder. Er war Gymnasiallehrer und ist jetzt in Rente.

SCHULBILDUNG
Die früheren Lieblingsfächer Deutsch und Geschichte unterrichtete er später ebenso wie Mathe in seinem Beruf als Gymnasiallehrer. Aus diesem Beruf erschließt sich sein Lehramtsstudium.

BERUF
Der Rentner hätte in seinem Beruf als Lehrer gerne mehr Kontakt zu den Schülern gehabt. Andere Änderungswünsche hatte er nicht. Das würde er gerne ändern, da dies seiner Meinung nach positiv zur Lehrtätigkeit beiträgt und zu einem besseren Verhältnis zwischen Lehrer und Schülern führt. An seinem Job hat ihm besonders gefallen, dass er Kontakt zu jungen Menschen hatte. Was ihn störte, waren die „gelegentlich unvernünftigen Anordnungen von Seiten des Oberschulamtes". Er war mit seiner Berufswahl und ist mit seiner jetzigen Situation als Rentner zufrieden.

PRIVATLEBEN
Der ehemalige Lehrer würde gerne mehr Zeit mit seiner Familie verbringen. Er konnte sich zu Berufszeiten nicht vorstellen, als Hausmann zu Hause zu bleiben, da dies zu seiner Zeit nicht üblich war. Den Vorteil hätte er darin gesehen, mehr Zeit mit seinen Kindern zu verbringen. Einen Nachteil sieht er daran nicht.

FAMILIENLEBEN
Der Familienvater ist verheiratet und hat drei Kinder. Er ist der Meinung, dass ein Leben ohne Kinder keinen Sinn macht und dass Kinder einen Erwachsenen erst richtig glücklich machen. Da er damals in Vereinen tätig war, war es für ihn nicht einfach, alles unter einen Hut zu bekommen. Deshalb hat sich seine Frau um Haushalt und Kinder gekümmert.

GLÜCK

Für ihn bedeutet Glück Zufriedenheit, in Frieden leben und ein harmonisches Familienleben. Er empfindet Glück in allen Lebensbereichen. In seinem Beruf war Glück für ihn, Vertrauen zu den Schülern aufzubauen und ihnen gerecht zu werden. In seiner Familie machte ihn glücklich, dass er es geschafft hat, seine Kinder zu anständigen Menschen zu erziehen, sodass sie einen guten Lebensweg einschlagen. Er sagt, dass sein Leben in Bezug auf Glück durchwachsen ist. Unglückliche Phasen erlebte er bei Schwierigkeiten in der Ehe.

LEBENSLAUF

Er war der Meinung, dass das „perfekt" bei der Frage nach dem perfekten Lebenslauf zu hoch angesetzt war. Für ihn bedeutet glücklich sein, wenn die Familie glücklich ist, wenn man existentiell gut versorgt ist und Frieden im Leben findet.

Person E ist 16 Jahre alt, in einer Beziehung und hat keine Kinder. Sie ist Schülerin der 10. Klasse eines Gymnasiums.

SCHULBILDUNG

Die Lieblingsfächer der Schülerin sind generell Naturwissenschaften, aber besonders Chemie und Biologie. Da sie später einmal Medizin oder Psychologie studieren möchte, wirken sich die Lieblingsfächer schon auf ihren Wunschberuf aus. Wie bereits angegeben, ist die 16-jährige noch Schülerin und strebt ein Studium an.

BERUF

Da sie noch keinen Beruf ausübt, war ihre Antwort auf die Frage: „Was würden Sie an Ihrem Job ändern, wenn Sie könnten", dass sie keinen Job machen wird, der nicht ihren Vorstellungen entspricht. Was ihr an dem Beruf Psychologin, den sie später ausüben möchte, gefällt, ist Menschen zu helfen, Probleme zu lösen. An den Berufswünschen gefällt ihr der Kontakt zu Menschen. Zu Störfaktoren und genereller Zufriedenheit im Beruf kann sie noch nichts sagen.

PRIVATLEBEN

Die 10.-Klässlerin hat an ihrer momentanen Lebenssituation nichts auszusetzen. Wenn sie genug Geld und die Grundlagen im Job hat, kann sie es sich vorstellen, für eine begrenzte Zeit den Haushalt zu übernehmen. Sie findet gut daran, dass man viel Zeit für den Haushalt, seine Kinder und sich selbst hat. Als Nachteil sieht sie den schwierigen Wiedereinstieg in den Beruf.

FAMILIENLEBEN

Die Gymnasiastin würde mit ihrem jetzigen Freund später gerne mal eine Familie gründen. Ihre Meinung dazu ist, dass man sich auf etwas einlassen muss und keine Angst vor der Zukunft haben darf. Sie weiß noch nicht genau, wie sie das alles managen wird, denn sie hat ja noch viel Zeit, um es sich zu überlegen. Sie hat allerdings geäußert, dass es eine Möglichkeit für sie wäre, die eigene Praxis im Haus zu haben und nur ein paar Stunden am Tag zu arbeiten, um sich die restliche Zeit um Haushalt und Kinder kümmern zu können.

GLÜCK

Sie ist der Meinung, dass man auch ohne Geld glücklich sein kann. Wahre Freunde sind für sie besonders wichtig. Glück in der Schule machen für sie aus, ein neues Mathethema verstanden oder eine gute Note in einer Arbeit zu haben. In ihrem Privatleben ist sie glücklich, wenn sich alle verstehen, akzeptieren und wenn alle zufrieden sind.
Die glückliche Phase erlebt sie gerade, da sie einen neuen Freund hat und an der neuen Schule angenommen wurde. Die unglückliche Phase erlebte sie an ihrer alten Schule und mit ihrem früheren Freund.

LEBENSLAUF

Ein guter Lebenslauf heißt für die Schülerin, Ziele zu erreichen. Auch kleine Erfolge im Leben machen den Lebenslauf perfekt. Trotzdem ist es ihr wichtig, später ein Haus, einen guten Job und eine Familie zu haben.

Person F ist 16 Jahre alt, ledig und hat sieben Geschwister. Sie ist Schülerin der 10. Klasse einer Realschule und strebt dieses Jahr ihren

Abschluss an. Ihre Lieblingsfächer sind Geschichte und Kunst. Das Fach Kunst könnte sich auf ihre Berufswahl auswirken, da sie sich vorstellen kann, in diesem Bereich tätig zu sein. Die Erwägung eines Berufs in der Tierwirtschaft, den sie ebenfalls in Erwägung zieht, erschließt sich nicht aus ihren Lieblingsfächern. Sie ist gerade dabei, ihren Realschulabschluss zu absolvieren und geht danach für ein Jahr ins Ausland. Dort will sie eventuell einen Highschool-Abschluss machen und anschließend das Abitur in Deutschland nachholen.

BERUF

Sie kann sich vorstellen, der Tätigkeit als Tierwirtin nachzugehen, wenn das Gehalt höher wäre. Sie will insgesamt ein gutes Gehalt, aber auch genug Zeit für sich haben. Außerdem wünscht sie sich einen Job, der vielseitig ist. An ihrem Beruf ist ihr wichtig, dass er ihren Neigungen entspricht. Was sie besonders an ihrem Beruf mögen oder stören wird, kann sie jetzt noch nicht sagen. Ebenso, ob sie mit ihrem Job zufrieden sein wird.

PRIVATLEBEN

Die Schülerin hat an ihrem Leben im Moment nichts auszusetzen. Ihr wäre es zu einseitig, nur für Kinder, Haushalt und Garten zuständig zu sein. Sie findet einen Vorteil am Hausfrauendasein, nämlich Zeit für sich und ihre Interessen zu haben. Allerdings wäre es für sie auf Dauer zu monoton.

FAMILIENLEBEN

Sie will später auf alle Fälle Kinder haben, da diese ihre Lebensfreude an sie weitergeben. Sie würde die ganze Arbeit mit ihrem Freund teilen.

GLÜCK

Inneres Gleichgewicht und Zufriedenheit machen für die Schülerin Glück aus. Sie ist nicht in allen Lebensbereichen glücklich, dafür aber zufrieden. Sie ist glücklich darüber, in die Schule gehen zu können und gute Noten zu bekommen. In ihrer Familie empfindet sie Glück durch ihre Eltern. In den Ferien freut sie sich, einfach mal ausspannen zu können.

LEBENSLAUF

Für sie bedeutet ein perfekter Lebenslauf gute Noten, soziales Engagement, ein Studium, einen gut bezahlten Job und eine intakte Familie zu haben.

Person G ist 48 Jahre alt, ist verheiratet und hat keine Kinder. Er ist momentan arbeitslos, da ihm sein Job zu eintönig wurde.

SCHULBILDUNG

Seine Lieblingsfächer waren Französisch, Englisch, Mathematik und Physik. Auf seine Jobs haben sich diese Fächer nicht ausgewirkt. Der 48-jährige hat an der Universität studiert.

BERUF

Die Entscheidungsfreiheit und die Gestaltungsvielfalt haben ihm an seinem Job sehr gut gefallen und er war auch generell zufrieden, trotzdem entschied er sich dafür, einen neuen Weg einzuschlagen.

PRIVATLEBEN

Wenn er drei Dinge an seinem Leben ändern könnte, würde er sich mehr seinem Privatleben widmen. Dennoch könnte er sich gut vorstellen, wieder einen Job im Managementbereich zu übernehmen. Eine Tätigkeit als Hausmann könnte er sich nur für einen begrenzten Zeitraum vorstellen. Als Hausmann sieht er den Vorteil, erhöhte Lebensqualität zu genießen, den Nachteil jedoch sieht er darin, dass ihm der Austausch mit anderen Menschen fehlen würde.

FAMILIENLEBEN

Er könnte sich sehr gut vorstellen, eine Familie zu haben, aber sein Leben hat einen anderen Lauf genommen. Da er Prioritäten setzen musste, hat er sich gegen Kinder entschieden. Wenn er Kinder gehabt hätte, hätte er sich die Aufgaben mit seiner Frau geteilt.

GLÜCK

Glück definiert er mit den Worten Gesundheit und Zufriedenheit; außerdem mit dem Erreichen von gewissen Zielen. Sein Glück verortet er in seinem Leben, da er die Chance gehabt hatte, so vieles zu erleben und zu reisen. In Hinsicht auf seinen Beruf hatte er das Glück, viel reisen zu können und den Aufbau seiner Firma mitzuerleben und Geschäftsbeziehungen zu beeinflussen. In Hinsicht auf sein Privatleben verortet er sein Glück in seiner intensiven Beziehung. Besonders unglücklich war er in Stresssituationen, in Beziehungen und im Job. Besonders glücklich war er, Erfahrungen in Asien zu sammeln und eine gute Jugend erlebt zu haben.

LEBENSLAUF
Für ihn ist ein perfekter Lebenslauf, viele Erfahrungen mit unterschiedlichsten Firmen über einen längeren Zeitraum zu haben.

Person H ist 46 Jahre alt, verheiratet und Mutter von drei Kindern. Zurzeit studiert sie Gesundheitsförderung, ist Hausfrau und Teilzeitkraft in einem ambulanten Kinderdienst.

SCHULBILDUNG
Ihre Lieblingsfächer waren Kunst, Psychologie und Englisch. Diese Fächer hatten jedoch keine Auswirkung auf ihren Beruf. Sie hat eine Ausbildung zur Kinderkrankenschwester, hat aber bald nach der Ausbildung selbst eine Familie gegründet und deshalb erst jetzt mit dem Studium begonnen.

BERUF
Vor einem halben Jahr hat sie ihren Beruf als Hausfrau beendet und ein Studium angefangen. Der Grund dieser Änderung lag darin, dass ihr der Job als Hausfrau zu einseitig und langweilig wurde. Zudem sind die Kinder auch schon in einem Alter, in dem sie sich selbst versorgen können. Daher findet sie das Dreigeteilte: Beruf, Familie und Studium sehr gut und ist damit zufrieden.

PRIVATLEBEN
Wenn sie etwas an ihrem Leben ändern könnte, hätte sie ihr Studium früher gemacht und ihre Kinder auch schon früher bekommen, um vielleicht noch ein viertes Kind zu haben. Die 46-jährige Studentin kann es sich nicht so richtig vorstellen im Managementbereich einer Firma zu

arbeiten, will aber lernen, in einen Vollzeitjob reinzuwachsen. Die Tätigkeit als Hausfrau ist ihr aus eigener Erfahrung zu eintönig. Dennoch wäre sie wieder bereit, bei Bedarf ein paar Jahre Hausfrau zu sein. Den Vorteil als Hausfrau sieht sie darin, sich die Zeit frei einteilen zu können, für die Kinder da zu sein und mehr Zeit für sich zu haben. Der große Nachteil dabei ist jedoch, dass man finanziell total abhängig ist. Beim Management ist der große Vorteil, dass man finanziell unabhängig ist. Doch hier gibt es für sie den Nachteil, zu viel Stress und zu wenig Zeit zu haben.

FAMILIENLEBEN

Sie hat, wie schon genannt, drei Kinder im Alter von 16 Jahren, 13 Jahren und 7 Jahren. Für sie war es schon immer klar, einmal Kinder zu haben, dies gehörte für sie zum Leben dazu. Da zwei Kinder schon alt genug sind sich selbst zu versorgen, ist nur die Kleinste auf den Hortplatz angewiesen.

GLÜCK

Für sie bedeutet Glück ihre Kinder, die Eingebundenheit in Familie und Freunde, Gesundheit und Geborgenheit in der Familie zu erfahren. Ihr Glück verortet sie in ihrer Familie und ihrem sozialen Umfeld. Glück im Beruf definiert sie, indem sie sagt, dass man genau den Job findet, der einem Spaß macht. Glück in der Familie sieht sie darin, dass auch ihre Familie glücklich mit ihr ist. Besonders glücklich war sie bei der Geburt ihrer Kinder, besonders unglücklich, als ihre Mutter gestorben ist.

LEBENSLAUF

Für sie gibt es keinen perfekten Lebenslauf. Ein kleiner Schritt, diesem entgegen zu kommen, ist, eine schöne Jugend zu haben, Abitur zu haben, Geld, ein gutes Familienverhältnis und einen guten Job. Das jedoch klingt für sie unrealistisch und langweilig. Ihr persönlich sind Brüche im Leben wichtig und auch sich neu zu finden, ist für die dreifache Mutter viel interessanter als ein einwandfreies Leben.

5. Vergleich

SCHULBILDUNG
Bei den Lieblingsfächern gab es Unterschiede wie auch Gemeinsamkeiten.
Drei von den Befragten haben ein Studium absolviert, zwei haben eine Ausbildung abgeschlossen und weitere zwei streben ihren Schulabschluss an. Eine weitere hat eine Ausbildung und studiert gerade. Die beiden Lehrer, sowie der momentan Arbeitslose haben ein Studium.
Bei vier der Befragten hatten die Lieblingsfächer eine Auswirkung auf die Berufswahl. Bei beiden Schülerinnen haben sie Einfluss auf den Berufswunsch. Bei den übrigen beiden hatten die Lieblingsfächer keinerlei Auswirkung auf den Job. Die beiden Lehrer sowie der momentan Arbeitslose haben ein Studium.

BERUF
Erzieherin und Verkäuferin, die beide eine Ausbildung haben, hätten gerne mehr Geld für ihre Tätigkeit. Mehreren gemeinsam ist die Erwartung einer angemessenen Bezahlung ihrer Tätigkeit. Drei Personen sind mit ihrem momentanen Leben zufrieden. Anerkennung sowie Freiräume und Selbstbestimmung in der Arbeit wurden von der Erzieherin, dem Arbeitslosen und dem Lehrer als wichtige Faktoren genannt. Daneben stand der Wunsch nach einer ausreichenden Freizeit. Als Störfaktoren wurden unter anderem Stress und zu monotone Arbeit genannt. Dennoch sind alle überwiegend zufrieden mit ihrem Job. Person G und Person H haben ihre berufliche Situation aufgrund von Unzufriedenheit verändert. Die Erzieherin hätte, wenn sie nochmal die Chance gehabt hätte, lieber ein Studium abgeschlossen.

PRIVATLEBEN
Durchgängig wurde mehr Zeit für Familie, Freunde und sich selbst gewünscht. Allgemein ist uns aufgefallen, dass alle eine ähnliche Vorstellung von der Tätigkeit als Hausmann/frau haben, was freie Zeiteinteilung, Zeit für sich selbst und die Familie bedeutet. Auf der

anderen Seite betonten alle die Eintönigkeit des Hausfrauendaseins/
Hausmanndaseins auf Dauer. Für einen begrenzten Zeitraum konnte
sich fast jeder vorstellen, Hausmann/-frau zu sein. Aufgefallen ist uns,
dass fast alle der Meinung waren, dass man viel Zeit, unter anderem
für sich, hat. Allein die Verkäuferin nannte als Nachteil am
Hausfrauendasein die wenige Zeit für sich. Auch andere Faktoren wie
Zeit für Familie und Freunde wurden genannt, ebenso wie den
Tagesablauf, der frei eingeteilt werden kann. Nachteile wurden von
jedem unterschiedlich gesehen. Übereinstimmungen gab es nicht.

FAMILIENLEBEN

Außer der Verkäuferin und dem Arbeitssuchenden, war den anderen der
Wunsch nach Familie und Kindern wichtig. Die Begründung war, dass
Kinder zum Lebenskonzept gehören und es schön ist, diese aufwachsen
zu sehen. Grund, keine Kinder zu haben oder keine Kinder zu wollen,
waren der „pure Egoismus" der Verkäuferin und „den anderen Weg ein-
geschlagen zu haben" beim Arbeitslosen. Gemeinsam war die Meinung,
dass die Familienarbeit geteilt werden sollte.

GLÜCK

Von allen, die Kinder haben, wurden diese als Glück erlebt. Allen ist der
Wunsch nach Harmonie in Familie und Beziehung gemeinsam. Auch
etwas im Leben geleistet zu haben, spielte eine Rolle. Freunde, finanziel-
les Auskommen, Gesundheit und Zugehörigkeitsgefühl zu anderen
Menschen wurden als wichtige Glücksparameter benannt. Auch die
Grundbedürfnisse, wie Essen, Kleidung, Dach über dem Kopf etc. wur-
den betont. Die meistgenannte Antwort lag bei innerer Zufriedenheit.
Auch das Erreichen von kleinen Zielen wurde genannt. Die Antwort der
Gymnasiastin unterschied sich von allen anderen, da sie der Meinung
war, dass man auch ohne Geld glücklich sein kann. Alle empfanden
Glück entweder in der Familie oder in Beruf oder Schule. Speziell im
Beruf wurden die Glücksmomente, wie Gestaltungsfreiheit, allen gerecht
zu werden und kleine Erfolge, genannt. Person B und Person F haben
beide betont, dass sie froh sind, überhaupt einen Job zu haben bzw. die

Möglichkeit zu haben, die Schule zu besuchen. Glück in der Familie wurde hauptsächlich in den Kindern gefunden. Bei den beiden, die keine Kinder haben, nimmt diesen Platz der Freund bzw. die Frau ein. Die Befragten sind zum großen Teil mit ihrer momentanen Lebenssituation zufrieden und damit, ihre eigene Familie gegründet zu haben. Als unglückliche Ereignisse im Leben wurden die Krankheits- und Todesfälle in der Familie erwähnt. Auch Stresssituationen in Job und Privatleben machten die Befragten unglücklich.

LEBENSLAUF

Für viele gibt es „den perfekten Lebenslauf" nicht, aber die meisten haben ein Bild davon, wie dieser aussehen könnte. Zur Vorstellung vom perfekten Lebenslauf gehörten ähnliche Aspekte wie zum Thema Glück. Die Studentin nannte den Aspekt, dass Brüche und Änderungen im Leben einen „perfekten" Lebenslauf ausmachen. Für viele gehört eine Familie und einen Beruf, bei dem man ein gutes Gehalt verdient, dazu. Die Mutter der 16-jährigen Tochter sagte, dass es verschiedene Wege gibt, die man im Leben einschlagen kann. Es gibt auch Dinge im Leben, die man im Nachhinein hätte besser machen wollen. Für zwei Personen gehört zu einem „perfekten" Lebenslauf nicht nur materielle Dinge, sondern auch eine schöne Zeit zu genießen. Auch Geld spielte dabei eine Rolle. Dennoch war nur von einem guten Auskommen die Rede, nicht von Reichtum.

6. Zusammenfassung der Ergebnisse

Zu unserer Frage „Wann macht der Lebenslauf glücklich? Was macht ihn perfekt?" haben wir herausgefunden, dass die Definitionen von glücklich und „perfekt" in vielen Punkten übereinstimmten. An dem Wort „perfekt" zweifelten fast alle Befragten und mussten länger überlegen, was das für sie persönlich bedeuten könnte. Die Bedeutung von Geld spielte nur für das Auskommen eine Rolle. Reichtum wurde in keinem Punkt angestrebt. Man sieht, dass Geld in den verschiedenen Gesellschaftsschichten ebenso wie Gesundheit, Familienzusammenhalt und das Erreichen von gewissen Zielen eine sehr große Rolle spielt. Da manche der Bezeichnung „perfekt" ein gutes Abitur, Geld, Beruf, Haus, Gesundheit und eine intakte Familie zuweisen, sticht heraus, dass der finanzielle Bereich, sowie der familiäre Bereich sehr wichtig sind. Auf der anderen Seite sagte eine Befragte, dass der „perfekte" Lebenslauf für sie unrealistisch und langweilig sei. Viel mehr wert sei es, Brüche zu erleben, sich neu zu finden und auf seine eigene Art etwas aus sich zu machen. Wir als „Glückskinder" haben herausgefunden, dass Glück nicht nur mit viel Geld oder großer Anerkennung definiert wird. Glücklich können wir sein, in einer sicheren Gesellschaft zu leben und alle Grundbedürfnisse befriedigt zu haben, die notwendig sind. Die meisten sind glücklich, wenn sie ihre eigenen kleinen Ziele erreichen und wenn sie mit Familie und Freunden gut auskommen. Wenn man das erreicht, verspürt man innere Zufriedenheit und Ausgeglichenheit. Interessant zu sehen war, dass Schüler es als Glück und „perfekt" bezeichneten, gute Noten zu schreiben. Dadurch wurde unserer Meinung nach der enorme Lerndruck ausgedrückt. Viele Faktoren, die von den Befragten genannt wurden, sind gut umzusetzen und wurden zum großen Teil schon umgesetzt. Die Definitionen von glücklich und „perfekt" sind bei den meisten nicht unerreichbar. Meistens machte das Glücklichsein durch verschiedene Faktoren den eigenen Lebenslauf schon „perfekt". Vor allem für Person G und Person H, die beide etwas an ihrem Leben geändert hatten, war es weitgehend „perfekt", weil es jetzt ihren Vorstellungen entspricht.

Alles in allem lässt sich sagen, dass jeder sein eigenes Leben als perfekt bezeichnen kann, wenn er glücklich und zufrieden ist und das erreicht hat, was er wollte, denn „glücklich" und „perfekt" sind zwei völlig verschiedene Worte, doch für die meisten haben sie eine sehr naheliegende Bedeutung. Uns ist ebenfalls aufgefallen, dass sich die Personen mit diesen Themen noch nicht beschäftigt hatten und ihr Leben doch als glücklich bezeichnen konnten.

Sind Sie glücklich mit ihrer momentanen Lebenssituation? Sind Sie generell zufrieden? Was bedeutet für Sie „perfekt"? Können Sie diese Fragen beantworten?
Vielleicht haben Sie das „perfekte" Leben schon oder streben es an.
Sind Sie mit dem glücklich, was Sie bisher erlebt haben oder sind Sie auf dem Weg, glücklich zu werden? Haben Sie einen „perfekten" Lebenslauf?

7. Offene Fragen

Die Frage, die uns von diesem Projekt geblieben ist, hat eigentlich nichts mit dem Projekt zu tun. Dennoch sind wir interessiert daran, näheres über den Leistungsdruck in der Schule herauszufinden, da wir davon auch selbst betroffen sind.

Anhang

Fragebogen *„Die Glückskinder"*

„Kann man auch ohne einen perfekten Lebenslauf ein glückliches Leben führen?"
Alle Daten werden natürlich streng vertraulich behandelt!
Bitte geben Sie Ihr Alter, Ihren Beruf und Ihren Familienstand an!

1. Schulbildung:
Was waren Ihre Lieblingsfächer?
In wie fern haben sich Ihre Lieblingsfächer auf Ihren Beruf ausgewirkt?
Was für eine Ausbildung haben Sie?
O Studium   O Ausbildung   O Keine

2. Beruf:
Was würden Sie an Ihrem Job ändern, wenn Sie könnten?
Warum würden Sie das ändern?
Was gefällt Ihnen besonders an Ihrem Job?/ Was stört Sie an Ihrem Beruf?
Sind Sie mit der Wahl Ihres Berufs generell zufrieden?

3. Privatleben:
Stellen Sie sich vor, Sie könnten drei Dinge an Ihrem Leben ändern, was würden Sie ändern?
Hausfrau/Hausmann:
- Können Sie sich vorstellen, einen Vollzeitjob im Managementbereich einer Firma zu übernehmen, in dem man auch ins Ausland muss, Meetings hat, Verantwortung trägt und flexibel sein muss?

Berufstätiger/Berufstätige:
- Können Sie sich vorstellen, als Hausfrau/Hausmann für Haushalt,
  Garten und Kinder zu sorgen?
- Was sehen Sie dabei als Vor- und Nachteile?

4. Familienleben:

Haben Sie eine Familie oder können Sie sich vorstellen, eine zu
gründen?
- Weshalb wollen/haben Sie keine Kinder?
- Weshalb wollen/haben Sie Kinder?
- Wie managen Sie das alles? / Wie würden Sie das alles managen?

5. Glück:

Was bedeutet Glück für Sie (in Hinsicht auf ...)?
In welchem Lebensbereich verorten Sie Glück?
... in Ihrem Beruf?
... in Ihrem Privatleben/Ihrer Familie?
Waren Sie in einer konkreten Lebensphase mal besonders glücklich
oder besonders unglücklich?

6. Lebenslauf:

Was verstehen Sie unter einem perfekten Lebenslauf?

Wie beeinflussen die Eltern ihre Kinder zu deren Berufswunsch?

Team „*Teletas*"
Tassia Heuser, Lea Steinmetz, Teresa Weise
(Jahrgangsstufe 10, Elisabeth-von-Thadden-Schule,
Heidelberg-Wieblingen)

1. Die Forschungsfrage

1.1 Was ist die Forschungsfrage?
Wie beeinflussen die Eltern ihre Kinder zu deren Berufswahl?
In unserer Projektskizze hieß unsere Forschungsfrage noch:
Wie beeinflussen die Eltern mit ihren Berufen ihre eigenen Kinder in deren Berufswahl?
Da wir bei unserer Projektskizze noch davon ausgingen, dass wir einen Fragebogen verwenden und keine Interviews durchführen würden, haben wir die Forschungsfrage umgestellt, weil wir mit Interviews maximal zehn Leute befragen können. Da wir mit nur zehn Interviewpartnern aber zu unserer ursprünglichen Forschungsfrage kein genaues Ergebnis erwarten konnten, haben wir sie umgeändert.

1.2 Warum interessiert uns diese Frage?
Wir finden die Frage interessant, weil sie aktuell ist und auch uns betrifft. Außerdem ist es spannend, wie und ob Eltern ihre Kinder hinsichtlich der Berufswahl beeinflussen und ob das mit ihren Berufen und/oder ihrer Zufriedenheit mit ihrem Beruf zusammenhängt.

1.3 Wie sind wir auf diese Frage gekommen?
Auf unsere Forschungsfrage sind wir gekommen, indem wir eine Mindmap zum Thema Beruf und Lebenslauf gemalt haben. Bei dem Stichwort „Eltern" kam uns dann der Geistesblitz.

1.4 Was wissen wir bereits über dieses Thema?

Wir wussten eigentlich nichts über unser Thema, denn wir haben uns vorher keine Berichte oder Auswertungen dazu angesehen. Uns war natürlich klar, dass Eltern mit eine der bedeutsamsten Rollen im Leben des Menschen spielen und dass die Entscheidung für einen Beruf eine wichtige Entscheidung ist.

1.5 Welche Ergebnisse/Befunde erwarten wir?

Wir erwarten, dass viele Eltern ihre Kinder nicht in Hinsicht auf die Berufswahl zu beeinflussen versuchen, einige allerdings schon. Wenn Eltern sehr glücklich mit ihrem Beruf sind, dann erwarten wir, dass die Kinder eher denselben Beruf wählen.

2. Erhebung

Wir haben unsere Untersuchung von Februar bis April durchgeführt. Dabei haben wir die qualitative Untersuchungsmethode in Form eines Leitfadeninterviews angewandt. Unser Interview hat vier Überpunkte mit jeweils unterschiedlich vielen Fragen:

1. „Beruf" mit zehn Fragen
2. „Ausland" mit drei Fragen
3. „Inspiration" mit sechs Fragen
4. „Kinder" mit fünf Fragen

Insgesamt wurden sechs erwachsene Personen im Alter von 28 bis 60 Jahren befragt.

Ursprünglich wollten wir Jugendliche befragen, aber nachdem wir unsere Forschungsfrage geändert hatten, fanden wir, dass wir zu unserer aktuellen Forschungsfrage lieber Erwachsene befragen sollten.

Die Berufe dieser Personen sind Lehrerin, Lehrer im Referendariat, Schreiner, technische Angestellte, technische Sterilisationsassistentin und

Psychologin. Die technische Angestellte, der Schreiner und die Psychologin haben eigene Kinder.

Mit den Personen, die die Berufe Schreiner, Psychologin, technische Angestellte und technische Sterilisationsassistentin ausüben, haben wir einen Termin ausgemacht und uns in deren Büro oder bei ihnen zu Hause getroffen. Die beiden Lehrer haben wir in der Schule interviewt, in der es stellenweise laut war, was etwas abgelenkt hat.

Die Interviews haben zwischen sechs und zehn Minuten gedauert. Wir haben entweder allein oder zu zweit die Interviews durchgeführt. Wenn wir zu zweit waren, dann hat eine die Fragen vorgelesen und die andere hat das Diktiergerät gehalten.

Da alle Personen in unserem Bekanntenkreis sind, war es einfach, mit ihnen in Kontakt zu treten. Wir mussten mit niemandem vorher sprechen oder eine Einverständniserklärung einholen. Deswegen hat auch niemand ein Interview verweigert. Bis auf die Psychologin durften wir alle aufnehmen. Die Antworten der Psychologin haben wir daraufhin einfach per Hand mitgeschrieben.

Die meisten waren nicht begeistert, als ihr Name aufgenommen wurde, doch wir konnten sie beruhigen, indem wir ihnen versicherten, dass die Namen in der Auswertung nicht genannt werden. Nervös war niemand, jedenfalls nicht so, dass es aufgefallen ist. Auch gab es keinen Zeitdruck, da wir entweder Termine ausgemacht haben, oder bis nach Unterrichtsende gewartet haben (bei Lehrern).

3. Datenauswertung

Die Datenauswertung haben wir mit unserer Tutorin, Frau Carolin Blum, erarbeitet. Es ging darum, unser Leitfadeninterview in Unterkategorien zu teilen, die man auswerten kann. In der Datenauswertung vergleicht man dann die Unterkategorien untereinander.

3.1 Beruf

Was macht für Sie einen guten Beruf aus?

Auf die erste Frage der Kategorie „Beruf" antworteten alle mit sehr positiven Attributen. Der Schreiner nannte Spaß und Erfüllung, dem Referendar war eine herausfordernde und anspruchsvolle Arbeit, bei der man Verantwortung übernimmt und mit Menschen zu tun hat, die aber auch Aufstiegschancen bietet, wichtig.

Die technische Angestellte möchte ein gutes Verhältnis zu Kollegen und sich selbst verwirklichen, während der Lehrerin Spaß, Verantwortung, Zukunftssicherheit und menschlicher Kontakt am Herzen liegen.

Die Psychologin will sich weiterentwickeln, Spaß und Freude an der Arbeit haben, sich wohlfühlen, ist aber auch bereit, Veränderungen anzunehmen.

Die technische Sterilisationsassistentin nannte Spaß und gute Zusammenarbeit. Außerdem soll sie die Arbeit voranbringen.

Man bemerkt, dass Spaß sehr oft vorkommt. Verantwortung übernehmen, menschlicher Kontakt und ein gutes Verhältnis zu Kollegen kommt jeweils zweimal vor. Interessant ist es, dass das Gehalt anscheinend keine Rolle bei einem guten Beruf spielt.

Als nächsten Schritt vergleichen wir, wie sie zu ihren Berufen gelangt sind.

Der Schreiner wusste als einziger schon mit sieben Jahren, dass er Schreiner werden wollte. Sein Berufswunsch hat sich die ganze Zeit über nicht geändert.

Die Psychologin wollte auch schon recht früh ihren jetzigen Beruf ausüben, hatte sich aber zwischendurch überlegt, ob sie nicht doch einen anderen Beruf ausüben möchte. Die technische Angestellte und der Referendar hatten schon früh Interesse an Fertigkeiten, die sie dann auch in ihrer jetzigen Arbeit brauchen.

Beim Referendar waren dies die Fächer in der Schule, die er jetzt selbst unterrichtet, und bei der technischen Angestellten das Zeichnen.

Die technische Sterilisationsassistentin wollte schon immer etwas mit Medizin machen und nicht im Büro arbeiten. Sie ist ganz unkonventionell auf ihren Beruf gekommen. Die Lehrerin übt zurzeit nicht ihren Traumberuf, Landwirtin, aus, sondern ihre dritte Alternative. Mit der zweiten Alternative, Ethnologin oder Zoologin, hat es auch nicht funktioniert.

Man erkennt, dass hier die Aussagen schon viel vielfältiger sind als bei der vorangehenden Frage.

Jetzt wenden wir uns den Kriterien zu, die diese Menschen zu ihrer Berufswahl veranlasst hat.

Der Schreiner brauchte gar keine Kriterien mehr, da sein Berufswunsch unabänderlich war.

Die Psychologin hat ihren Beruf nach dem Kriterium „Kontakt mit Menschen und Soziales" ausgewählt. Dies kommt ihrer Vorstellung, wie ein guter Beruf sein sollte, nicht sehr nahe.

Die technische Zeichnerin hat ihren Beruf nach ihren Vorlieben und Berufschancen ausgesucht. Ihre Entscheidung war sehr bedacht und deckt mehr oder weniger das ab, was sie zuvor bereits nannte. Der Lehrer hat seinen Beruf nach Können, Interesse und Elan, den er in seine Arbeit investieren kann, ausgewählt. Auch hier gibt es keine Widersprüche gegenüber seinen vorherigen Aussagen.

Die technische Sterilisationsassistentin hat ihren Beruf ganz unverbindlich nach Gehalt und Aufstiegschancen ausgesucht. Interessant ist, dass Geld also doch noch eine Rolle spielt. Die Lehrerin hat ihren Beruf nach dem möglichen Kontakt mit Menschen ausgewählt. Obwohl es ihre dritte Alternative war, ist er deckungsgleich mit ihren Vorstellungen von einem guten Beruf.

Auf die Frage, ob die Befragten ihre Kriterien weiterempfehlen würden, antworteten die technische Sterilisationsassistentin und die technische Angestellte mit einem uneingeschränkten „Ja".

Die Lehrerin und der Referendar meinen ja, wenn man den Beruf nach eigenen Fähigkeiten wählt. Nur die Psychologin sagt, dass man seine eigenen Stärken finden soll.

Der Schreiner hatte keine Kriterien, deshalb haben wir die Frage nicht gestellt.

Wir kommen nun zu dem Punkt, ob der Beruf der Eltern mit dem der Befragten übereinstimmt.

Die Berufe der Eltern des Schreiners, Elektroingenieur und Chemielaborantin, stimmen nicht überein, dafür kam der Impuls, Schreiner als Beruf auszuüben, von seinem Großvater, denn der war auch Schreiner.

Bei der Psychologin stimmen die Berufe, Kaufmann und Erzieherin, nicht überein. Allerdings ist Erzieherin auch ein sozialer Beruf.

Die Eltern der technischen Angestellten sind Fernsehtechniker und Innenfachkraft in der Kommunikationselektronik, diese Berufe stimmen nur insoweit mit dem der Tochter überein, dass Fernsehtechniker auch was mit Technik zu tun hat.

Die Eltern des Referendars üben nicht denselben Beruf aus, da der Vater Referent für Öffentlichkeitsarbeit und die Mutter Hausfrau ist.

Dasselbe gilt für die technische Sterilisationsassistentin, denn deren Eltern sind Reinigungsfachkraft im öffentlichen Dienst und Angestellter bei der Arbeitsagentur.

Bei der Lehrerin stimmen die Berufe der Eltern mit ihrem Traumberuf, Landwirtin, überein, denn ihren Eltern gehörte ein Bauernhof.

Es gibt sehr wenige Übereinstimmungen, die meisten scheinen ihren Beruf eigenständig ausgesucht zu haben.

Den Einfluss der Eltern für ihren jetzigen Beruf schätzen alle sehr gering ein, bis auf den Referendar, der allerdings auch nur sagt, dass seine Eltern ihn unterstützt haben.

Jetzt zu der Frage, ob die Eltern Vorschläge für einen Beruf gemacht haben.

Der Schreiner sagt aus, dass seine Eltern ihn bei seinem Berufswunsch unterstützt haben.

Die technische Angestellte antwortete, dass ihre Eltern ihr bei der Wahl geholfen haben und sich über Berufe, die sie interessieren könnten, informiert haben.

Die Psychologin, der Referendar, die technische Sterilisationsassistentin und die Lehrerin konnten sich dessen nicht entsinnen.

Ähnliche Ergebnisse gab es bei der Frage, ob mit den Eltern generell über die Berufswahl gesprochen wurde.

Der Schreiner, die Psychologin, die technische Sterilisationsassistentin und die Lehrerin verneinen diese Frage.

Der Gegenpol dazu sind die technische Angestellte und der Referendar. Die technische Angestellte berichtet, dass sie sehr viel mit ihren Eltern über den Beruf gesprochen hat und der Referendar erzählt, dass er sich mit seinen Eltern ausgetauscht hat und dass seine Eltern auch ihre Meinung gesagt haben.
Die Spontaneität bei der Entscheidung des Berufs ist bei unseren Befragten mannigfaltig.
Während beim Schreiner und der Psychologin (abgesehen von einem mittellangen Schwanken) diese Entscheidung überhaupt nicht spontan und bei der Lehrerin nicht von Anfang an geplant war, war sie bei der technischen Angestellten schon relativ spontan, der Referendar hatte während seinem Zivildienst die Erleuchtung und bei der technischen Sterilisationsassistentin war sie sehr spontan.

3.2 Ausland

Es gab nur einen einzigen Punkt zum Thema „Ausland". Dieser behandelt das Thema, ob die Befragten schon einmal im Ausland gelebt und/oder gearbeitet haben. Dazu werden wir noch die Meinung der Eltern notieren.
Der Schreiner hat ein Jahr in Frankreich gearbeitet, um die Sprache kennenzulernen. Seine Eltern fanden das sehr gut.
Die Psychologin hat noch nicht im Ausland gelebt, will das auch nicht wegen der Sprache und dem Beruf, da man in einer fremden Sprache seine Gefühle schlechter ausdrücken kann. Aufgrund dessen konnten sich ihre Eltern auch leider keine Meinung dazu bilden.
Die technische Angestellte war auch nicht im Ausland, wegen dem hierfür erforderlichen Abstand zur Familie. Obwohl sie nicht im Ausland war, haben ihre Eltern anscheinend trotzdem eine Meinung dazu, nämlich dass es ihnen schwer fallen würde, da für sie die Familie sehr wichtig ist, sie sie aber unterstützen würden.
Der Referendar war während seines Studiums ein halbes Jahr im Ausland. Er kann sich generell vorstellen, im Ausland zu leben. Seine Eltern haben ihn während seiner Zeit im Ausland unterstützt, aber auch vermisst.

Die technische Sterilisationsassistentin kann sich sehr gut vorstellen, ins Ausland zu gehen. Auch würden ihre Eltern nichts dagegen haben.

Die Lehrerin hätte gerne einen Hof in Korsika übernommen, konnte dies jedoch wegen Geldmangels nicht.

Die Ergebnisse sind bei diesem Punkt ziemlich ausgeglichen.

3.3 Inspiration

Der folgende Punkt ist der erste der Kategorie „Inspiration".

Es wurde gefragt, ob neben den Eltern noch andere Menschen mit den Befragten über den Beruf sprachen.

Der Schreiner brauchte das natürlich nicht, für ihn war ja sowieso schon alles klar.

Die Psychologin war schon etwas redseliger. Sie sprach mit ihrem Freund, Klassenkameraden, Freunden und Gleichaltrigen.

Auch die technische Angestellte war recht kommunikativ, denn sie sprach auch mit Klassenkameraden und Bekannten und Freunden von ihren Eltern, die Berufe hatten, die sie interessierten.

Der Referendar kann sich an ein prägendes Gespräch mit einem Rettungssanitäter erinnern, während die technische Sterilisationsassistentin und die Lehrerin bloß mit ihren Freunden über dieses Thema gesprochen haben.

Darauf stellt sich natürlich die Frage, wie diese Gespräche ausgesehen haben.

Den Schreiner kann man wieder außen vor lassen.

Der Psychologin wurde bei ihren Gesprächen sowohl Positives als auch Negatives gesagt.

Der technischen Angestellten haben die Gespräche geholfen und auch einige Anregungen gegeben. Ihre Eltern haben ihr eine eigene Entscheidung gelassen.

Jetzt kommen wir zu dem speziellen Gespräch des Referendars.

Der Rettungssanitäter und der Referendar haben sich auf einer langen Fahrt über das Thema Beruf unterhalten. Irgendwann beschrieb der Referendar dem Rettungssanitäter seine Fähigkeiten und was ihm Spaß macht. Der Rettungssanitäter meinte daraufhin, dass sich das doch nach einem Lehrer anhört. Das öffnete dem Referendar die Augen und er dachte, „Ja stimmt, warum eigentlich nicht Lehrer."

Die technische Sterilisationsassistentin antwortete nur, dass ihre Freunde beruflich etwas anderes machen.

Die Lehrerin meinte nur, dass man sich gegenseitig beraten und bestärkt hat.

Nun zum letzten Unterpunkt der Kategorie „Inspiration".

Eine Frage, die alle Befragten uneingeschränkt gleich beantworteten, nämlich ob deren Eltern zufrieden mit ihren Berufen waren.

Tatsächlich waren alle zufrieden mit ihren Tätigkeiten.

Auf die zum Verwechseln ähnliche Frage, ob die Eltern zufrieden mit dem Beruf der Befragten sind, wird es wieder unterschiedlicher.

Während der Schreiner nur nüchtern sagte, dass sie noch nichts Gegenteiliges gesagt hätten, meinte die Lehrerin, dass ihre Eltern sehr stolz auf sie waren, weil sie das erste Mädchen aus der Gegend war, das jemals studiert hat.

Auch die Eltern der Psychologin sind zufrieden, sowie die Eltern der technischen Angestellten, die froh sind, dass sich die Tochter in ihrem Beruf wohlfühlt und sie sich ihren Lebensunterhalt verdienen kann. Der Referendar sagt auch, dass seine Eltern hinter ihm stehen und sich für ihn freuen, dass er einen Beruf gefunden hat, der zu ihm passt.

Die Eltern der technischen Sterilisationsassistentin finden es auch gut, dass sie Geld verdient und Spaß hat.

Die technische Sterilisationsassistentin meint, dass der richtige Beruf zufrieden und ausgeglichen macht.

3.4 Kinder

Als nächstes wollten wir herausfinden, wie die Befragten mit ihren Kindern über die Berufswahl reden würden.

Der Schreiner möchte seine Kinder selbst entscheiden lassen, sie möglichst nicht beeinflussen und nicht in einen Beruf drängen, sondern sie bei ihren Entscheidungen unterstützen.

Die Psychologin will, dass ihre Kinder das machen, was ihnen Spaß macht, dass sie nach ihren Fähigkeiten gehen und auf sich vertrauen.

Die technische Angestellte will mit ihren Kindern ähnlich umgehen, wie ihre eigenen Eltern mit ihr umgegangen sind. Das heißt, sie wenig beeinflussen, ihnen aber helfen, wenn sie auf sie zukommen.

Auch der Referendar will es ähnlich wie seine Eltern angehen und seine Kinder unterstützen.

Die technische Sterilisationsassistentin will ihren Kindern einfach die eigene Entscheidung lassen.

Die Lehrerin würde da eher taktisch vorgehen. Sie würde mit ihren Kindern deren Stärken herausfinden, daraufhin die Berufsfelder eingrenzen und zum Schluss die Kinder entscheiden lassen.

Die folgende Frage war, welche Kriterien die Befragten ihren Kindern empfehlen würden.

Der Schreiner empfähle seinen Kindern, ihren Beruf nach Interesse und Spaß auszusuchen.

Die Psychologin setzt auf fast dasselbe, nämlich Spaß und Fähigkeiten.

Auch die technische Angestellte findet Spaß ein wichtiges Kriterium. Sie empfähle ihren Kindern allerdings auch, sich auf dem Arbeitsmarkt umzusehen, ob der Beruf gefragt ist.

Der Referendar würde, wie er selbst eigentlich auch seinen Beruf ausgewählt hat, nach deren Stärken gehen.

Die technische Sterilisationsassistentin setzt auf Erfahrung. Für sie wäre es nicht schlimm, wenn ihre Kinder nicht sofort den richtigen Beruf finden. Sie sollen so lange ausprobieren, bis sie den passenden Beruf gefunden haben.

Die Lehrerin schlägt vor, dass ihre Kinder auch nach Spaß und Interesse gehen, zudem noch nach Neigung und Zukunftssicherheit. Auch sollte der Beruf den Fähigkeiten entsprechen.

Auffällig ist, dass die Kriterien, die die Befragten ihren Kindern empfehlen würden, die Kriterien sind, nach denen sie ihren eigenen Beruf ausgewählt haben oder die für sie einen guten Beruf ausmachen.

Die vorletzte Unterkategorie der Kategorie „Kinder" und die vorletzte der ganzen Datenauswertung war folgende Frage:

Wie werden Kinder heute zum Berufswunsch gebracht?

Mit der darauffolgenden Frage stellen wir den Teilnehmern eine der interessantesten Fragen, da wir den Befragten praktisch unsere Forschungsfrage stellen.

Der Schreiner antwortet, dass die meisten Kinder danach gehen, wie viel Geld sie verdienen und wie viel sie arbeiten müssen.

Die Psychologin meint, dass die Kinder nicht mehr so sehr durch die Eltern zu ihrem Berufswunsch gebracht werden, da es breit gefächerte Angebote gibt. Manche übernehmen aber trotzdem das Geschäft, die Firma oder üben den gleichen Beruf aus.

Die technische Angestellte hat ein ähnliches Bild davon wie der Schreiner.

Kinder entscheiden entweder aufgrund des späteren Gehalts oder durch Eltern, die die Kinder beeinflussen zu erreichen, was sie selbst nicht geschafft haben oder sie üben denselben Beruf wie die Eltern aus.

Der Referendar meint, dass viele nach dem Ruf, dem Prestigewert der Berufe urteilen, durch Druck beeinflusst werden oder einfach nach Interessenslage handeln.

Einige gehen auch den Weg des geringsten Widerstands. Er gibt auch zu bedenken, dass es vielen heute schwerfällt, sich aufzuraffen und etwas zu erreichen.

Die technische Sterilisationsassistentin sieht das Ganze optimistischer und sagt, dass Praktika, Freunde, die Schule und Eltern (bzw. die Freunde der Eltern) ausschlaggebend sind.

Die Lehrerin findet auch, dass Praktika, Eltern und Verwandte und Berufsorientierung die wichtigsten Punkte sind. Sie ist übrigens die einzige, die auch noch Medien beachtenswert findet.

Die letzte, gleichzeitig ziemlich wichtige Frage, lautet, welche Rolle die Eltern bei der Berufswahl spielen.

Der Schreiner antwortet, dass die Eltern versuchen, für ihr Kind den Beruf zu wählen, bei dem sie viel Geld verdienen. Er findet, dass viele Eltern das Geld im Vordergrund sehen und nicht das Kind. Seiner Meinung nach kann man aber nur gut in seinem Beruf sein, wenn man daran Spaß hat und glücklich damit ist.

Die Psychologin findet, dass die Eltern die Richtungsweiser sind, ihr Einfluss aber nicht so groß ist wie der der Medien.

Die technische Angestellte sieht das wieder ähnlich wie der Schreiner; sie meint, dass Eltern ihre Kinder beeinflussen, wenn sie denken, dass das gut für das Kind wäre.

Der Lehrer beschreibt drei Arten von Eltern, einmal die dominanten Eltern, die sich in ihrem Kind verwirklichen wollen, dann die Eltern, denen es völlig egal ist, was aus dem Kind wird und bei denen das Kind auf sich gestellt ist, und zum Schluss die Eltern, die ihr Kind unterstützen und bestärken.

Die technische Sterilisationsassistentin sagt aus, dass einige Eltern ihre Kinder mehr beeinflussen, andere weniger, sie teilt also die Meinung des Referendars.

Sie gibt aber auch zu bedenken, dass einige Kinder auch in die Fußstapfen der Eltern treten wollen.

Die Lehrerin findet, dass Eltern auf jeden Fall eine Rolle spielen sollten, sie sollten den Kindern helfen, die Vielfalt der Berufe auf ihr Interessenspektrum zu reduzieren.

Sie bestärkt also ihre Aussage, die sie zu Anfang der Kategorie „Kinder" gemacht hat.

4. Zusammenfassung

4.1 Was haben wir herausgefunden?

Nach der Auswertung kann man sehen, dass die Befragten sich fast überhaupt nicht von ihren Eltern beeinflusst fühlen. Im Gegenteil, die meisten wurden unterstützt bei dem, was ihnen als Beruf vorschwebte. Sie selber würden ihrerseits versuchen, ihre Kinder möglichst wenig zu beeinflussen.

Natürlich gibt es auch Eltern, die sich selbst in ihren Kindern verwirklichen wollen, man sehe sich nur die Schönheitswettbewerbe von Kindern an.

Insgesamt würden wir sagen, dass die Befragten von ihren Eltern beeinflusst wurden, allerdings nicht auf eine negative Art, sondern dass sie mithilfe ihrer Eltern den Mut gefunden haben, etwas Eigenes und in der Familie vielleicht noch nie Dagewesenes auszuprobieren.

4.2 Was war besonders auffällig, was hat uns überrascht?

Bei der Auswertung hat uns überrascht, dass alle Befragten den Einfluss ihrer Eltern auf ihre Berufswahl als praktisch nicht vorhanden einschätzen.
Das kann man eigentlich fast nicht glauben, da Eltern ein wichtiger Bestandteil des Lebens sind.
Wahrscheinlich ist das aber darauf zurückzuführen, dass man als Befragter die Fragen ganz anders sieht als der Interviewer.
Wodurch wir bei der nächsten Sache sind, die uns aufgefallen ist.
Nicht nur das Bild der Fragen ist von Interviewer zu Interviewtem unterschiedlich, sondern auch zwischen den Interviewten. Wir fanden das sehr interessant und hätten vor der Befragung gar nicht damit gerechnet, dass man die Fragen auch anders verstehen kann.

5. Offene Fragen

Fragen, die uns bei der Auswertung noch eingefallen sind und die man in einem weiteren Projekt aufgreifen könnte, sind zweierlei:
Einmal stellte sich uns schon relativ am Anfang die Frage, ob ein guter Beruf wirklich nur auf edle Motive wie Spaß und Interessenlage abzielt, oder ob Geld nicht vielleicht doch eine größere Rolle spielt, als wir uns eingestehen möchten.
Das Zweite war, ob sich die Kriterien, nach dem man seinen eigenen Beruf ausgesucht hat, verändern, je weiter der Zeitpunkt der eigenen Berufsentscheidung weg ist.

Anhang

Interviewleitfaden „*Teletas*"

1. Beruf

Was macht für Sie einen guten Beruf aus?

Wie kam es zu der Entscheidung zu Ihrem jetzigen Beruf?

Nach welchen Kriterien haben Sie Ihren Beruf gewählt?

Würden Sie anderen Personen nahelegen, ihren Beruf nach denselben Kriterien zu wählen?

Welchen Beruf haben Ihre Eltern?

Wie würden Sie den Einfluss Ihrer Eltern auf ihre Berufswahl einschätzen?

Haben Ihre Eltern generell Vorschläge für die Berufswahl gemacht?

Ja: Nach welchen Kriterien haben Ihre Eltern diese Vorschläge gemacht?

Haben Sie mit Ihren Eltern generell über die Berufswahl geredet?

War die Entscheidung zu Ihrem Beruf spontan oder nicht?

Wollen/Wollten Sie mal im Ausland studieren/ arbeiten?

2. Ausland

Ja: Was würden Sie sagen, sind/waren Ihre Beweggründe dafür?

Nein: Weshalb kommt das für Sie nicht in Frage?

Welche Meinung hatten Ihre Eltern dazu?

3. Inspiration

Mit wem sprachen Sie noch über Ihren Beruf?

Wie sah dieses Gespräch aus?

Würden Sie sagen, Ihre Eltern sind mit Ihrer Berufswahl zufrieden?

Wenn ja, warum?

Wenn nein, warum?

Wer nahm außerhalb der Eltern Einfluss auf Ihre Entscheidung?

Waren/Sind Ihre Eltern zufrieden mit deren Berufen?

Wie haben diese Sie inspiriert?

4. Kinder

Wie würden Sie mit Ihren Kindern über deren Berufswahl reden?

Nach welchen Kriterien würden Sie Ihren Kindern einen Beruf empfehlen?

Würden Sie ihnen ein bestimmtes Berufsfeld empfehlen?

Durch was werden Kinder heutzutage Ihrer Meinung nach zu ihrem Berufswunsch gebracht?

Welche Rolle spielen die Eltern dabei?

Am Ende ...
Bilanz der „Geist der Jugend“-Teilnehmer_innen nach dem Projekt

„Ich hatte gehofft, dass es mir selbst in meinem persönlichen
Leben weiterhilft und ich Dinge vielleicht ganz anders sehe
bzw. aus einem anderen Blickwinkel. Vor allem die Auswertungen
der Umfragen haben einen sehr oft überrascht oder persönlich
weitergebracht. Meine Hoffnungen haben sich erfüllt.“

„Was nehme ich mit?
Viele interessante neue Meinungen anderer Gleichaltriger.“

„Am besten hat mir die Grundidee gefallen, ich finde es
immer noch interessant, wie andere Jugendliche leben.“

„Ich habe einige Überraschungen erlebt bei der Auswertung
unserer Fragebögen und kann mir nun ein deutlicheres Bild
von der Meinung anderer Jugendlicher über ihre Zukunft machen.“

„Die Organisation war top!
Ich bin begeistert von unserem Endergebnis.
Das Durchführen der Umfragen hat mir
am meisten Spaß gemacht.“

„Ich fand die Zusammenarbeit in meinem Team gut
und wir hatten tolle Unterstützung durch den Profi.“

„Mir hat alles am Projekt gefallen. Einziger Kritikpunkt:
Die Workshops hätten etwas später anfangen können.“

„Mir hat das Bewerbungstraining mit dem
Personalbüro der BASF besonders gut gefallen,
da ich dadurch erfahren konnte, nach welchen Kriterien
eine Bewerbungsmappe gelesen wird und wodurch man
bei seiner Bewerbung positiv auffallen kann.“

„Das Projekt hat einem geholfen zu lernen,
seine Zeit besser einzuteilen.“

„Ich nehme die tollen Erfahrungen in der Gruppe,
das praktische Arbeiten und ein paar neue Erkenntnisse mit.“

„Ich habe gelernt, mich Aufgaben zu stellen,
die eigentlich als nicht leicht lösbar erscheinen.“

„Ich habe gelernt, wie man so ein Projekt angeht und was
dabei wichtig ist. Vor allem der Abschlussbericht,
bzw. dessen Erfahrung hilft einem weiter fürs Studium.“

„Mein Team hat den Wettbewerb vorzeitig verlassen,
weil einige Mitglieder erst sehr spät aus dem Team
ausgetreten sind. Außerdem hatte mein Team
allgemein das Problem, sich die Zeit gut einzuteilen.“

„Ich würde auf jeden Fall nochmal teilnehmen,
da ich mit allem, das von der Seite des
Ernst-Bloch-Zentrums kam, zufrieden war.“

„Direkt gestört hat mich nichts, ich hatte nur nicht mit so viel
Arbeit gerechnet. Und eine Sache hat unser Projekt abgebremst:
Die Schulen kooperierten nicht mit uns, wir durften keine
Umfragen machen. Das hat uns vor große Probleme gestellt.“

„Ich fand das Projekt sehr gut. Die Workshops haben mir gut
gefallen und mich weiter gebracht. Interviews zu führen und
mehr über Mitmenschen zu erfahren hat mir am besten gefallen.“

„Ich fand es auf jeden Fall sehr spannend und bin froh darüber,
sehr viele neue Leute kennengelernt zu haben
und so viele Dinge nähergebracht bekommen zu haben.“

„Ich würde sagen, dass ich schon irgendwie
sehr viel fürs Leben mitgenommen habe.“